하이데거 「존재와 시간」 강의

하이데거
「존재와 시간」 강의

SEIN UND ZEIT

소광희 지음

문예출판사

머리말

나는 1995년에 우리 나라에서는 처음으로 하이데거의 『존재와 시간』(*SEIN UND ZEIT*, 1953, Max Niemeyer)을 직접 번역한 바 있다. 그때는 본문만을 우리말로 옮겼을 뿐 흔히 하는 방식대로 책 뒤에 해설을 붙이지 못했다. 그 이유는 몇 쪽의 해설로는 그 내용을 온전히 담아낼 수 있을 것 같지 않아서 그보다는 차라리 별도의 해설서를 만들어 그 번역서의 부록으로 달아주는 편이 독자를 위해 좋을 것이라고 생각한 데 있다. 그러나 여러 가지 사정으로 그 작업은 제대로 추진되지 못했다. 하지만 그 번역 덕택에 나는 서울대 철학과 학생들에게 『존재와 시간』 전편을 한 학기 동안의 강의로 소개할 수 있었다. 그 책은 서론 2장, 제I편 6장, 제II편 6장, 도합 14장으로 구성되어 있는데, 한 학기 14주〔주(週)당 3시간〕 동안 부지런히 강의를 하면 그 개요는 충분히 소개할 수 있다고 여겼던 것이다. 세계적으로 유례가 없는 그런 강의를 나는 두 번 반복했다. 그때 만들어진 강의안이 이 책의 기초가 되었다.

정년 후 나는 평소의 연구 메모를 정리하여 『시간의 철학적 성찰』(문예출판사, 2001)이라는 책으로 발표하고, 이어서 「존재론」을 구상·집필하는 데 남은 정열을 기울이고 있었다. 그런데 2002년 초가을, 우연한 기회에 문예출판사의 편집장과 나의 강의안에 대해 이야기를 나누었고, 이를 전해 들은 전병석 사장님은 이튿날 아침 그것을 단행본으로 출간할 수 있도록 해 달라고 전화로 청탁해왔다. 갈 길이 급한 나는 주저하지 않을 수 없었다. 왜냐하면 남의 책 해설이나 하는 것이 지금의 나에게 꼭 알맞은 작업일 것 같지 않았기 때문이다. 그러나 하이데거를 전공하는 교수들은 어쨌든 『존재와 시간』을 읽어야겠지만 일반 독자나 학생들은 그 방대하고 이해하기 어려운 책을 읽을 겨를이 없을 것이니 일반 독자와 입문자들을 위한 해설서도 필요하다는 전 사장님의 제의에 나는 망설이지 않을 수 없었다. 이 책은 우리 나라에서도 1930년대부터 대학에서 원서로 읽히기 시작했으나 70년이 지난 오늘까지도 이 책이 제대로 이해되었다고는 단언하기 어렵기 때문이다. 논지의 전개 방식에 익숙하지 못할 뿐 아니라 용어도 난삽하기 그지없어서 읽고서도 헛 읽은 것 같다는 독자들이 허다하다. 그래서 나는 『존재와 시간』을 읽지 않은 독자도 이 해설서만으로, 마치 『존재와 시간』을 읽은 것처럼, 그 책의 문제 의식과 내용, 서술 방식, 전개 과정 등을 충분히 이해할 수 있도록 아주 평이하고 간결하게 써주면 그것도 제법 의미 있는 일이 되겠다고 생각하게 되었다.

드래프트로 만들어진 강의안은 있었으나 그것이 바로 책이 될 수는 없는지라 새로운 구상과 계획이 필요했다. 그래서 지난해 10월 하순부터 이 작업에 착수했다. 부지런을 떨었지만 이제야 가까스로 붓을 놓게 되었다. 돌이켜 보니 어느덧 한 계절이 지난 것이다.

이 책은 하이데거의 『존재와 시간』의 내용을 요약해서 쉽게 해설한 것이다. 그러나 나의 주견에 따라서 중요한 부분과 중요하지 않은 부분을 선별해서 중요한 부분만 해설한 것이 아니라, 그 책의 순서대로 내용을 요약하고 해설해서 이해하기 쉽게 하고, 중요한 개념을 풀어서 알기 쉽게 한 것이다. 그러므로 원서에 서술된 내용 중 이 책에서 탈락된 부분은 많지 않다.

또한 『존재와 시간』은 당시 마르부르크대학에 있던 하이데거가 쾰른대학으로 옮겨간 선임자 니콜라이 하르트만의 후임으로 오르디나리우스 프로페소르(정교수)가 되기 위해 급하게 쓴 책인데다가 내용이 전적으로 현존재 분석이므로 중언부언이 많은 책이다. 이 해설서도 자연히 반복되는 용어 사용과 문장이 많으리라고 짐작된다.

이 책으로 인해 우리 나라 철학계와 독자들에게 이제 하이데거의 『존재와 시간』이 어려운 책이라는 선입견이 불식되기를 바란다.

2003년 2월 수지에서
구봉(九峰) 소광희(蘇光熙) 적음

범례

1. 본문과 인용문 가운데 있는 ' '는 개념을 분명하게 하기 위해, 〔 〕는 이해를 돕기 위해 첨가한 것이다. 인용문 중 (…)는 생략된 부분의 표시이다. 이 모든 부호는 해설자에 의한 것이다.

2. 각주에 있는 쪽수의 표시 중 앞에 있는 것은 본인이 번역한 『존재와 시간』(1995, 1998)의 쪽수이고, 괄호 속에 있는 숫자는 원서(*SEIN UND ZEIT*, 1953, Max Niemeyer)의 쪽수이다.

3. 맨 뒤에 원서의 용어와 그 번역어를 부록으로 추가했다. 그러나 찾아보기는 싣지 않았다. 『존재와 시간』의 성격에 맞지 않기 때문이다.

4. 원서에서 이탤릭체로 되어 있는 부분은 본문 중에 고딕체로 처리하였다.

5. 원서의 》 《는 〈 〉로 대체하였다.

차례

머리말　5

『존재와 시간』의 문제 의식
　1. 서양의 존재론　15
　2. 마르틴 하이데거　18
　3. 『존재와 시간』의 문제 의식　20

『존재와 시간』의 구성과 개요
　1. 『존재와 시간』의 구성　23
　2. 『존재와 시간』의 개요　25

서론: 존재물음의 필요성과 방법론
　1. 존재물음의 필요성　29
　2. 존재물음의 형식적 구조　31
　3. 존재물음의 존재론적 우위와 존재적 우위　33
　4. 『존재와 시간』의 방법론　36

제 I 편 현존재의 예비적 기초 분석 41

제 I 편의 개요 42

제1장 현존재의 예비적 분석이라는 과제의 전개

제1장의 과제 : 기초 개념 45

1. 현존재의 실존론적 분석론 46
2. 현존재 분석과 다른 과학과의 차이 53

제2장 현존재의 근본 틀로서의 세계-내-존재 일반

제2장의 과제 : 내-존재 56

1. 내-존재(內存在) 56
2. 인식의 조건 58

제3장 세계의 세계성

제3장의 과제 : 세계 개념 60

1. 세계 일반의 세계성의 이념 61

A. 환경세계성과 세계성 일반의 분석

  2. 존재자의 용재성(Zuhandenheit)과 전재성(Vorhandenheit) 64

  3. 지시와 기호 67

  4. 세계의 세계성 : 적소성과 유의의성 68

B. 세계성의 분석과 데카르트의 세계 해석과의 대조

  5. res extentio로서의 〈세계〉의 규정 73

C. 환경세계성의 주변성과 현존재의 공간성

  6. 용재자의 공간성 : 방역(方域) 75

7. 세계-내-존재의 공간성 : 거리 제거와 방향 엶   77
  8. 현존재의 공간성과 공간   79

제4장 공동 존재와 자기 존재 : 〈세인〉
  제4장의 과제 : 세인   81
  1. 현존재는 누구인가 하는 실존론적 물음의 단초   82
  2. 타자의 공동 현존재와 일상적 공동 존재
      그리고 고려의 두 방식   83
  3. 일상적 자기 존재와 세인   86

제5장 내-존재 자체
  제5장의 과제 : 현존재의 개시성   89
  A. '현'(Da)의 실존론적 구성
    1. 정상성으로서의 현-존재와 두려움   92
    2. 이해로서의 현-존재   97
    3. 이해와 해석   104
    4. 해석의 파생적 양상으로서의 진술   111
    5. 현존재와 말   113
  B. '현'의 일상적 존재와 현존재의 퇴락
    6. 빈말   115
    7. 호기심   117
    8. 애매성   118
    9. 퇴락과 피투성   119
   10. 퇴락과 세인의 관계   122

제6장 현존재의 존재로서의 마음씀

제6장의 과제: 현존재의 존재 124

1. 현존재의 두드러진 개시성: 불안 127
2. 본래성과 비본래성 134
3. 현존재의 존재: 마음씀 135
4. 실재성과 진리의 문제 138

제 II 편 현존재와 시간성 147

제 II 편의 개요 148

제1장 현존재의 가능한 전체 존재와 죽음에 이르는 존재

제1장의 과제: 죽음 153

1. 죽음에 대한 담론은 외견상 불가능하다 154
2. 타자의 죽음으로 현존재의 전체성을 확보할 수는 없다 156
3. 미제, 종말, 전체성 157
4. 죽음의 실존론적-존재론적 구조의 밑그림 160
5. 죽음에 이르는 존재와 현존재의 일상성 161
6. 종말에 이르는 일상적 존재와 죽음의 완전한 실존론적 개념 163
7. 죽음에 이르는 본래적 존재의 실존론적 기투: 죽음에로의 선구 165

제2장 본래적 존재 가능의 현존재적 증언과 결의성

제2장의 과제 : 양심   170

1. 양심의 부름의 성격   173
2. 마음씀의 부름으로서의 양심   175
3. 양심의 부름의 이해와 책(責)   177
4. 부정(否定)의 근원으로서의 실존론적 '어쩌지 못함'   181
5. 결의성   183

제3장 마음씀의 존재론적 의미로서의 시간성

제3장의 과제 : 현존재의 시간성   187

1. 선구적 결의성   188
2. 마음씀과 자기성   193
3. 마음씀의 존재론적 의미로서의 시간성   194
4. 하이데거의 시간론에 대한 검토   205

제4장 시간성과 일상성

제4장의 과제 : 본래적 시간성과 비본래적 시간성   208

1. 개시성 일반의 시간성   209
2. 세계-내-존재의 시간성과 세계의 초월의 문제   218
3. 현존재적 공간성의 시간성   227

제5장 시간성과 역사성

제5장의 과제 : 현존재의 역사성   229

1. 역사의 통속적 이해와 현존재의 생기   232

2. 역사성의 근본 틀   236

  3. 현존재의 역사성과 세계역사   241

  4. 역사학의 실존론적 근원   244

제6장 통속적 시간 개념의 근원
제6장의 과제 : 통속적 시간 개념   246

  1. 현존재의 시간성의 일부(日附) 가능성   248

  2. 공공적 시간과 세계시간   250

  3. 통속적 시간 개념의 발생   253

에필로그   260

용어 번역 대조표   263

『존재와 시간』의 문제 의식

1. 서양의 존재론

서양의 존재론을 나는 과학적 존재론, 변증법적 존재론 및 실존론적 존재론으로 구분한다. 이것은 방법론을 가지고 구분한 것이다. 과학적 존재론은 고대 그리스 시대 이후의 과학적 사고와 그 궤도를 함께하는 것으로, 그 외연이 가장 넓고 역사가 가장 오래된 존재론으로서 나는 이것을 '일반 존재론'이라고도 한다. 이 존재론은 아리스토텔레스의 『형이상학』에—이 책에는 그 이전의 여러 견해들도 종합되어 있다—그 기초를 둔다. 과학적 존재론의 성찰 대상은 일차적으로 자연이다. 인간을 철학적으로 성찰하는 경우에도 대개는 인간을 자연의 한 종(種)으로서 과학적으로 다룬다. 생물학적 진화론이 인간에 대한 발언을 이끌지만 실지로는 실험적 관찰이 주종을 이룬다. 여기에서 철학은 늘 영원불변하는 진실 존재를 찾아왔다. 그것이 흔히 말하는 실체이다.

토마스 아퀴나스는 철학과 종교를 '이성과 신앙'으로 통합하려고 했으나, 서양의 사유 전통은 과학적 사고와 그리스도교가 이원적으로 양립하면서—더러는 대립하고 더러는 상호 무관심하게—지속되어왔다. 그러나 철학은 이제 과학적 지식에 덧붙일 아무것도 가지고 있지 않다. 철학은 과학의 연구 성과의 타당성과 부당성에 대해 검증할 뿐이다. 철학은 과학에 끌려다니는 검증 기술에 불과하다. 그 대표적인 예가 현대 영미계의 경험주의를 잇는 과학철학 또는 분석철학이다. 그러나 불행히도 그 검증에 귀기울이는 과학자는 거의 없다.

중세 말기부터 일반 존재론은 신앙적 이성의 독주와 독단에서 벗어나 인간 인식의 한계, 타당성, 가능성 쪽으로 성찰의 방향을 바꾸었다. 근세 이후의 철학적 흐름(인식론)이 그것이거니와, 데카르트와 로크로부터 시작하는 이런 경향을 완성한 것은 칸트의 『순수이성비판』이다. 그러나 칸트의 존재관은 일반 존재론의 한계에 머물러 있다. 이 일반 존재론의 현대의 대표자는 N. 하르트만이다.

변증법적 존재론은 인간의 사회적·역사적 존재를 사유의 대상으로 삼는다. 사회·역사라는 존재는 인간들의 온갖 이해와 갈등으로 복잡하게 얽혀서 끊임없이 변화한다. 그것은 더러는 퇴보하지만 대개는 발전한다. 이런 변화, 특히 발전을 철학에서는 변증법적으로 설명한다. 헤겔의 『정신현상학』이 이 분야의 대표적 저술이다. 그러나 자연의 변화는 인간 정신처럼 그렇게 대립과 모순의 지양으로—즉 변증법적으로—변하지는 않는다. 그것을 변증법적으로 설명할 수 없음에도 불구하고 헤겔은 자연까지도 변증법적으로 설명하려는 무리수를 두었다. 자연은 변증법의 한계 밖에 있다. 그것의 존재 방식은 다만 생산력의 하나인 자원에 불과하다. 변증법적 존재론의 대상 범위는 따라서 인간의 사회 및 역사라는 존재 영역이다.

마르크스를 맞이하여 이 존재론은 평등을 기치로 내걸고 무산계급 해방을 위한 전투적 이데올로기로 바뀌었고, 마침내 혁명 이론이 되었다. 철학자는 그 이데올로기의 기수, 투쟁의 전사여야 한다. 하지만 동구의 공산권이 공멸한 이후 투쟁의 열기는 가라앉았고 이 존재론은 인간의 평등을 실현하고 복지를 증진하여 삶의 질을 향상시키기 위한 이념으로 여전히 작용하고 있다.

그러나 이 두 존재론의 사유는 보편성과 투쟁-승리를 지향한다는 명분 아래 전체론적이다. 그런 사유 속에서는 개인으로서의 인간은 대개 우연적 존재자로 간주되어 소외되게 마련이다. 하지만 실지로 살고 죽는 것은 개인이지 인간 일반이 아니다. 개인은 소외되어도 무방한 우연적인 존재가 아니라 삶의 주체이다. 실존론적 존재론은 개인의 구체적 삶(실존)을 사유의 중심에 놓고, 거기로부터 존재의 의미를 구명(究明)하는 존재론이다. 이 존재론은 하이데거의 『존재와 시간』에서 가장 극명하게 드러난다. 여기에서는 종래의 철학에서 보지 못한 여러 과제가 새로 제기되기도 하고 골치를 썩여오던 문제가 해소되기도 한다. 예컨대 '개별화의 문제'는 일반 존재론에서는 해결할 수 없는 문제로 간주되었으나 여기에서는 아예 제기되지도 않는다. 개인인 '나'로부터 출발하기 때문이다. 그렇기 때문에 반대로 보편성의 문제가 제기된다. 보편성 획득을 위해서는 사유의 변환을 거쳐야 한다.

그러나 지금까지 형이상학이라고 불리어온 일반 존재론적 사유에 익숙한 사람들이나 투쟁을 사회 발전의 원동력으로 보고 인간사를 대립과 그 지양으로 파악하는 변증법적 존재론으로 무장된 사람들, 또는 이데올로기 신봉자들에게는 이 존재론의 사유 방식과 개념들, 그 서술 방식이 낯설고 쉽게 이해되지 않는다. 새로운 개념이 개발되고 전에 쓰던 낱말에도 새 의의를 부여해서 사용하기 때문에 사전에도 없는 용례(用例)가 많다. 『존재와 시간』이 잘 읽히지 않는 이유가 여기 있다. 그러나 우리의 일상적 삶을 주목하는 사람들에게는 너무 쉽게 이해되는 사유이기도 하다. 이 존재론은 상식을 존중하는 사람들의 철학이다.

2. 마르틴 하이데거

마르틴 하이데거(Martin Heidegger, 1889~1976)는 현대의 가장 영향력 있는 철학자 중 한 사람이다. 그는 현존재의 실존론적 존재론을 가지고 일반 존재론을 위한 기초로 삼았고, 전 철학사를 통해 거장 철학자들의 사상을 현상학적으로 해체하고 그들의 존재론을 실존론적으로 새롭게 정초(定礎)했으며, 현상학과 해석학을 현존재 분석을 위한 방법론으로서 완성했다. 그뿐 아니라 그는 많은 시인들과 예술가들의 시와 작품을 독자적으로 해석하여 시와 예술 작품의 본질을 새롭게 구명했으며, 현대의 역운(歷運)과 문명 형태를 천착했다. 나아가서 그는 서구적 사유의 전환과 동양 사상에 대한 관심을 앞장서서 표명하기도 했다. 이런 광범위한 사유 활동으로 인해 그는 철학 이외에도 그리스도교 신학과 불교 해석, 문예학, 예술론, 언어

이론과 언어철학, 사회과학, 정신의학, 비판이론, 포스트모더니즘 등 여러 분야에 심대한 영향을 미치고 있다. 그는 80여 권의 작품을 남겼다.

죽음, 양심, 무, 불안, 시간성, 본래성, 결의성 등은 개별 과학에서는 다루어질 수 없는 철학 고유 주제들임에도 불구하고, 플라톤 이후 그것들은 대개 그리스도교와 일부 과학에 맡겨지고 철학은 불변의 실체만을 탐구하는 일에 급급했다. 『존재와 시간』은 이런 주제들을 정면으로 다룸으로써 한 시대를 풍미한 철학서이다.

하이데거 철학에는 '전회'(Kehre)라는 계기가 있다. 『존재와 시간』 제I부 제III편과 제II부가 약속한 대로 『존재와 시간』과 같은 형태로 쓰여지지 않은 데서 오는 좌절의 경험, 1930년대 초 히틀러 정권이 등장한 직후에 프라이부르크대학 총장을 역임하면서 그가 겪은 여러 체험들이 그로 하여금 사유의 전환을 하지 않을 수 없게 했는지 모른다. 제2차 세계대전이 끝난 뒤 그가 나치에 협력했느니 안 했느니 해서 철학적으로나 사회적으로 물의를 일으킨 바 있거니와, 취임 9개월 만에 총장직에서 물러난 직후부터 그는 횔덜린을 위시하여 여러 시인들의 시 해명에 침잠했으며, 이를 전후해서 그의 철학에 커다란 변화를 보이기 시작했다. 그는 현존재 분석을 통해 존재 일반의 의미를 획득하겠다는 길을 단념하고, 존재에서 존재자를 해명하는 길을 택한 것이다. 그래서 하이데거 자신이 사상적 '전회'를 선언한 것이다. 그 뒤 그의 철학적 관심사는 초기처럼 그렇게 긴장된 것이 아니고, 대부분은 횔덜린, 릴케, 트라클 등 시인과 니체, 칸트, 헤겔 등을 위시한 여러 선대 철학자들에 대한 현상학적 해체와 존재론적 구명 및 기술문명 비판 등에 모아졌다. 그래서『존재와 시간』은 하이데거의 철학을 전폭적으로 대표하는 것이 아니라고 생각하는 사람이 있을는지 모른다. 그러나 후기 사상을 알기 위해서라도『존재와 시간』에 대한 이해는 불가피하고, 그래서 이 책은 단연코 그의 주저(主著)로 간주되고 있다. 이 책을 읽지 않고 하이데거를 말하는 것은 어처구니없는 일이다. 후기의 저술은 이 책의 해설 내지 부록인 경우가 많다.

3.『존재와 시간』의 문제 의식

『존재와 시간』을 펴면 차례 다음 본론에 들어가기 직전의 한쪽에 플라톤의『소피스트』편 244a에서 인용한 다음 문장이 나온다.

> 왜냐하면 존재한다는 표현을 쓸 때 여러분이 본디 의미하려는 바를 여러분은 이미 오래 전부터 알고 있었음이 분명하기 때문입니다. 우리도 전에는 그것을 이해한다고 믿고 있었습니다. 그러나 지금 우리는 당혹감에 빠져 있습니다.

이 인용문은 책 전체를 꿰뚫고 있는 모토이거니와, 이 인용문에 이어 하이데거는 '존재한다'(seiend)는 말의 본래적 의미를 알고 있는가? 그렇지 못하다, 그러면 아직도 여전히 그 말의 의미를 이해하지 못하고 있는가? 그렇지도 않다 하고 자문자답한다. 말하자면 '존재' 개념은 플라톤 이래 여전히 앎(知)과 모름(無知)의 중간에 있다는 것이다. 앎과 모름의 중간에서 철학적 사유는 시작한다. 그리하여 하이데거는 "존재의 의미에 대한 물음을 구체적으로 수행하는 것이 아래 논술의 의도"¹라고 언명하고 있다.

우리는 있는 것(존재자)에 대해서는 너무 잘 알고 있다. 책상, 시계, 집, 거리, 하느님, 예술, … 이 모든 것들은 다 있는 것들이니, 이 세상에 있는 것은 모두 개별적인 존재자이기 때문이다. 그것들은 '있기' 때문에 있는 것들이다. '있는 것'과 그것들의 '있음'은 엄연히 다르다. 그런데 그것들의 있음(Sein, 존재)이란 무엇인가 하고 물으면 대답할 말이 없다. 모르기 때문이다. 이와 같이 우리는 개별적인 것들에 대해서는 잘 알고 있다. 더러 모르는 것이 있어도 그것들에 대해서는 개별과학이 가르쳐주고 있다. 그러나 어떤 과학도 이 '있음', '있다'에 대해서는 일러주지 않는다. 지금 우리는 그것을 알려고 하는 것이다. 그런 학문 분야를 존재론(Ontologie)이라고 한다. 존재론은 개별적인 것들에 대한 박학강기(博學强記)가 아니다. 오히려 가장 단순한 것을 그 정점에서 사유하는 학문이다.

이 책은 말할 것도 없이 존재론이거니와 특히 일반 존재론의 기초로서 현존재(Dasein)의 실존론적 분석론이라는 새롭고 특이한 존재론이다. 새롭고 특이하다 함은 종래의 모든 존재론에서는 함몰되어서 우연적 존재자로 간주되었던 개인이 각기 자기 존재(이것을 하이데거는 '현존재'라고 한다)에 입각해서 사유하는 존재론이라는 뜻이

---

1 소광희 옮김, 『존재와 시간』(1995), 1쪽(S. 1).

다. 이 존재론은 개별자인 자기 자신으로부터 출발해서 그것으로 일관하는 철학이다. 다시 말하면 일반 존재론이나 변증법적 존재론과 달리 이 존재론은 현존재의 실존론적 분석으로부터 출발해서 존재 일반의 의미를 구명하는 것을 목표로 하고 있다.

위 인용문에 이어서 그는 '〈시간〉을 존재이해 일반의 가능한 지평으로서 해석하는 것은 이 논술의 당면 목표'라고 선언하고, 나아가서 이 책 제I부의 표제를 '현존재를 시간성의 관점에서 해석하고, 시간을 존재에 대한 물음의 초월론적 지평으로서 해석한다'고 천명한다. 존재는 시간을 기반으로 해서 파악되어야 하며, 따라서 "시간은 모든 존재이해와 존재해석의 지평으로서 밝혀져야 한다."[2]

현존재의 존재를 이해하고 해석하는 지평은 시간이다. 그리하여 현존재의 존재의미로서 시간성이 제시된다. 전통적 존재론은 '영원의 상하'(sub species aerternitatis)에서, 즉 무시간적·개념적으로 사유한다. 다시 말하면 영원을 제일의(第一義)로 하므로 시간은 변화의 기저, '덧없음'(無常)과 '우연성의 어머니'로 간주해왔다. 철학적 사유는 이 영원의 차원에서 사태와 사물을 관조(觀照)하고 논리적으로 졸가리를 대는 것이었다. 그러나 하이데거의 존재론은 시간을 존재가 드러나는 지평으로 본다. 이런 점들이 이 저술이 갖는 철학사적 위상이다.

---

[2] 28쪽(S. 17).

『존재와 시간』의 구성과 개요

1. 『존재와 시간』의 구성

이 책은 서론 '존재의 물음에 대한 예비적 개진' 2장, 제I편 '현존재의 예비적 기초분석' 6장, 제II편 '현존재와 시간성' 6장, 도합 14장으로 구성되어 있다. 절(節)에 해당하는 §은 장(章)이 바뀔 때마다 새 번호로 시작하지 않고 계속해서 일련 번호를 매기고 있는데, 전부 §83으로 끝난다. 그리고 저자는 이 제I편과 제II편을 아울러서 제I부라고 부르고 있다.

이 책은 처음에는 I-II부로 계획되었다.[1]

제I부는 '현존재를 시간성의 관점에서 해석하고, 시간을 존재에 대한 물음의 초월론적 지평으로서 해석한다'는 주제 아래,

    제I편 현존재의 예비적 기초 분석

    제II편 현존재와 시간성

    제III편 시간과 존재

를 기술할 것으로 예정되었다.

---

1 §8 참조.

제II부는 '존재 시간성(Temporalität)의 문제를 실마리로 한 존재론 역사의 현상학적 해체의 개요'라는 주제 아래 역시

   제I편 존재 시간성의 문제의 전(前) 단계로서의 칸트의 도식론(圖式論)과 시간이론

   제II편 데카르트의 〈cogito sum(나는 생각한다 나는 존재한다)〉의 존재론적 기초와, 〈res cogitans(생각하는 존재자)〉의 문제로의 중세 존재론의 인수

   제III편 고대 존재론의 현상적 토대와 한계를 판별하는 기준으로서의 아리스토텔레스의 시간에 관한 논문

의 세 편을 기술할 것으로 예고되었다.

그러나 현존하는 『존재와 시간』은 제I부의 제I편과 제II편만으로 구성되어 있다. 그래서 종래 제6판까지는 『존재와 시간』에 '전반부'라는 표제가 붙어 있었다. 그러나 제I부 제III편과 제II부는 이 『존재와 시간』과 같은 형태로는 끝내 쓰여지지 못했고, 그래서 그는 초판이 발간(1927)된 지 거의 4분의 1세기가 지난 1953년 제7판의 머리말에서, 현존하는 『존재와 시간』을 새로 (즉 새로운 형태로) 쓰지 않고서는 '후반부'(제I부 제III편과 제II부)는 쓰여질 수 없으므로, '전반부'라는 표제는 삭제한다고 선언했다.

그렇다고 이 제I부의 제III편과 제II부가 전혀 쓰여지지 않았느냐 하면 그런 것은 아니다. 제I부 제III편 '시간과 존재'는 『사유거리를 찾아서』(*Zur Sache des Denkens*, 1969, Max Niemeyer) 속에서 언급되어 있고, 제II부 제I편 '칸트의 도식론과 시간이론'은 『칸트와 형이상학의 문제』(*Kant und das Problem der Metaphysik*, 1929, Vittorio Klostermann)로 발표되었으며, 제II편 '데카르트의 〈cogito sum〉'은 이 책(『존재와 시간』)의 제3장 '세계의 세계성'에서 매우 시사적으로 기술되어 있다. 그리고 제III편 '아리스토텔레스의 시간이론' 역시 이 책 § 81 '시간 내부성과 통속적 시간개념의 발생' 및 605쪽(S. 432)의 각주에서 언급하고 있다. 아리스토텔레스의 시간론에 관해서는 그 이상 언급할 것이 없다. 시간성의 문제를 실마리로 해서 존재론의 역사를 해체한다는 과제는 비단 위의 몇 저서에만 국한되지 않고 하이데거의 많은 저술이 겨냥하는 바라고 말할 수 있다.

2. 『존재와 시간』의 개요

현존하는 『존재와 시간』은 상술한 바와 같이 서론과 본론으로 구성되어 있는데, 서론에서 하이데거는 존재물음의 필요성과 방법론에 대해 개설적으로 설명한다. 그에 따르면 존재물음은 철학의 초기부터 오늘에 이르기까지 가장 핵심적이고 기본적인 물음이다. 그럼에도 불구하고 '있다'(sein, 존재)라는 개념은 너무 보편적으로 사용되고 숙지되어 있어서 도리어 불투명한 것으로 남아 있으니, 무엇보다도 먼저 이 개념을 구명할 필요가 있다.

그 구명을 위한 방법론으로 하이데거는 현상학을 활용한다. 본디 현상학은 후설에게는 명증적 인식을 획득하기 위해 모든 실재적인 것을 괄호 속에 묶어놓고 그것을 의식 속으로 환원해서 그 의식을 분석하는 것이지만, 하이데거는 이것을 '사상(事象) 자체로'(Zu den

Sache selbst!)라는 구호 아래 사상 자체를 천착하는 방법으로 받아들인다.

제I편 '현존재의 예비적 기초 분석'은 현존재의 근본 틀인 세계-내-존재(In-der-Welt-sein)를 그 평균적 일상성에서 실존론적-존재론적으로 분석한다. 세계-내-존재란 현존재의 존재의 근원적 구조를 전체적으로 가리킬 때의 명칭이다. 하이데거는 이 세계-내-존재를 구성하는 세 요소, 즉 '세계', '세계-내-존재는 누구인가?' 및 '내-존재'를 각각 떼어서 분석한다. 첫 번째 '세계' 개념(제I편 제3장)에서는 용재자의 적소성 및 유의의성 등을 중심으로 '세계' 개념을 규명하는 것이고, 두 번째 '누구인가?'의 대목(제4장)은 공동 현존재〔타자〕와 세인에 대한 분석이며, 세 번째 '내-존재'의 분석(제5장)에서는 현존재의 존재이해와 그것에 의한 개시성(開示性)이 다루어지고 있다. 여기에서는 특히 A 부분을 주의해서 읽어야 한다. 그것은 현존재가 아 프리오리하게 가지고 있는 존재이해에 의한 개시성이 매우 난해하게 개진되어 있기 때문이다. 현존재는 이 세상에 〔내던져지듯이〕 태어나서 이렇게 현사실적으로 살면서 자기를 가능성을 향해 기투(企投, Entwerfen)하는 자이다. 이것을 하이데거는 피투성, 현사실성, 실존(또는 기투)이라고 한다. 이런 구조를 가진 현존재를 한마디로 그는 '(세계 내부적으로 만나는 존재자)에 몰입해 있음으로서 자기를 앞질러 이미 (세계) 내에 있음'(Sich-vorweg-schon-sein in (der Welt) als Sein-bei (innerweltlich begegnendem Seienden))이라고 한다. 이것이 곧 현존재의 존재인 마음씀(Sorge)이다. 그리고 제I편의 마지막(제6장)에서 하이데거는 인간의 근본 정상성(情狀性)인 '불안' 속에서 세계와 세계 내부적 존재자가 한꺼번에 무화(無化)되는 것을 본다. 하이데거는 이 불안을, 현존재를 그 전체성과 본래성에서 파악할 수 있도록 전환하는 계기로 삼는다.

제I편에서 검토한 평균적 일상성 속의 현존재는 그러나 '죽음에 이르기까지'라는 전체성에서 성찰되지 못했고, 본래성에서 고찰되지도 못했다. 거기에서 검토된 것은 현존재의 비본래적 존재양식이다. 앞으로의 과제는 현존재를 그 본래성에서 성찰하는 것이다. 제II편 '현존재와 시간성'에서 하이데거는 현존재의 존재인 마음씀을 시간성으로서 분석한다. 그는 먼저(제1장) 현존재의 전체성을 확보하기 위해 죽음의 현상을 분석한다. 현존재는 '죽음에 이르는 존재'로서 파악된다. 이것을 그는 '죽음에로의 선구(先驅)'라고 한다. 이어서(제2장) 그는 현존재의 본래성을 보증받기 위해 양심을 분석한다. 양심은 각자의 내면에서 부르는, 소리 없는 말이다. 거기에 귀기울임으로써 현존재는 자기의 본래성을 회복할 수 있다. 이렇게 해서 현존재의 본래적 전체성(즉 선구적 결의성)이 증거되거니와, 이것을 그는 시간성에서 검토한다(제3장). 이 대목은 『존재와 시간』에 거는 하이데거의 의도가 최고도로 실현되는 자리이기도 하다. 거기에 그치지 않고 나아가서(제4장에서) 그는 이 시간성을 가지고 제I편에서 성찰한 바 있는 현존재의 개시성을 본래성과 비본래성으로 나누어서 시간성으로 해석한다. 그리고 그 연장선상에서(제5장) 현존재의 역사성을 다룬다. 현존재는 '탄생과 죽음 사이'로 신장(伸張)된, 즉 생기(生起)의 존재자이기 때문이다. 마지막으로(제6장) 그는 현존재의 시간성에서 어떻게 일부화(日附化)가 가능하며, 공공적 세계 시간과 통속적 시간은 어디에서 어떻게 연유하는가를 천착한다.

『존재와 시간』의 서술 방식에 대해 한마디 덧붙일 것이 있다. 서론을 제외한 본론 제I편과 제II편에서는 각 장마다 첫 번째 절(§)에서 그 장에서 다루어질 내용에 대한 주제의식이 서론적으로 개진되어 있다. 그리고 각 장의 마지막 절(§)의 끝 부분에서는 다음 절(§)에서 다루어질 내용이 간단하게 언급되어 있다. 이것은 다음 절로 이행하기 위한 수순이기도 하다. 모든 내용은 현존재에 대한 실존론적-존재론적 분석으로 일관되어 있다. 그렇기 때문에 하이데거의 서술에는 중언부언이 있는 것도 사실이다. 종래의 철학 책처럼 범주적-형식 논리적으로, 즉 논증적으로 서술되어 있지 않기 때문에 약간 현기증 나는 대목도 있으나, 인간이 하는 모든 행동거지는 실존범주에 속하는 것이므로 〔따라서 실존론적으로 생각할 수 있으므로〕 누구나 각자 자신을 성찰하면—그렇다고 반성하는 것은 아니다—쉽게 이해할 수 있을 것이다.

서 론 : 존재물음의 필요성과 방법론

1. 존재물음의 필요성

존재물음은 고대 그리스 철학의 가장 큰 논쟁적 주제였다. 이를 플라톤은 유물론자들과 관념론자들의 투쟁이라고 했다. 아리스토텔레스는 존재론을 체계화했거니와 존재론의 전통은 중세를 거쳐 헤겔의 『논리학』(*Wissenschaft der Logik*)에까지 이어진다. 그러나 정작 '존재'의 의미에 대한 물음은 부질없는 것으로 간주되었다. 존재 개념은 가장 보편적이고, 따라서 내용 없는 개념이라는 선입견을 낳게 되었다. 그 선입견은 세 가지이다.

① '존재'는 가장 보편적 개념이어서, 가령 '생물이란 살아 있는 존재이다'에서 보듯이, "사람들이 존재자에 있어서 파악하는 모든 인식 속에 그때마다 이미 함축되어 있다."[1] 그런 보편 개념은 오히려 가장 불명료한 개념이다.

② '존재' 개념은 최고의 유(類)개념이므로 정의할 수가 없다. (1) 정의는 '종차(種差)＋최근유(最近類)'로 이루어지는데, 존재는 최고

---

[1] 번역본 6쪽(S. 3)에 있는 토마스 아퀴나스의 문장. 서구어의 be동사는 어떤 표현에도 이미 포함되어 있다는 뜻.

유개념이므로 그 위의 유개념〔최근유〕이 없으니 정의할 수 없다. (2) 피정의항(被定義項)은 정의항(定義項) 속에 들어와서는 안 됨에도 불구하고 it is…라고 표시하지 않고서는 어떤 낱말도 정의할 수 없다. 즉 정의되어야 할 '존재'(be, sein, être)가 정의항 속에 들어온 것이다.[2]

③ 서양말 '존재'(be, sein, être 등)는 존재사(存在辭)이면서 동시에 계사(繫辭)이다. 동사 be는 존재사와 계사로 구분되지 않은 채 어떤 문장이나 어떤 언표에도 들어가는 만큼 누구나 다 알고 있는 개념이다. 그럼에도 불구하고 존재의 의미에 대한 명시적 인식은 어디에도 없다.

이런 선입견들의 뿌리는 고대 존재론 자체 속에 있다. 고대 존재론은—존재론적 기본 개념들이 자라난 지반을 고려하고, 특히 범주 제시의 적합성과 그 완벽성에 관련해서—미리 밝혀지고 대답된 존재에 대한 물음을 실마리로 해서 충분히 다시 해석되어야 한다.[3]

이것이 존재의 의미를 새삼 근원적으로 성찰해야 할 이유이다. 종래의 모든 존재물음 속에 '존재'는 전제되어 있다. 그러니 이제 존재물음의 근거를 새로 놓아야 한다.

---

2 번역본 8쪽 주 참조.   3 6쪽(S. 3).

2. 존재물음의 형식적 구조

물음은 언제나 탐구이다. "탐구로서의 물음은 탐구되는 것으로부터 선행적으로 인도되어야 한다."[4] 즉 모든 물음은 물어지는 것으로부터 선행적으로 방향을 규정받는다. 여기에서 '물어지는 것'(das Gefragte)은 '존재'이다. 이 존재가 규정되고 개념화되어야 한다. 따라서 '물어지는 것'은 '물어서 그 의미가 밝혀지는 것'(das Erfragte), 즉 '존재의 의미'이다. 그런데 물음에는 '물음이 걸리는 것'(das Befragte)이 있다. 그것은 존재자이다. 그러나 존재자는 무수히 있다. 그 중에서 하이데거는 존재이해를 가지고 있으면서 스스로 자기 자신의 존재를 가장 큰 문젯거리로 삼고 있는 존재자를 골라서 이것을 현존재(das Dasein)라고 한다. 이것은 현존재 분석을 통해 존재의 의미를 천명하겠다는 의도의 표명이다. 뒤집어서 말하면 존재의미의 구명은 오직 현존재의 존재의 구명을 통해 가능하다는 것이다. 하이데거의 기초 존재론은 현존재 분석론이다.

하이데거의 존재론은 묻는 '내'가 물음 밖에 있으면서 나 이외의 모든 것을 그냥 객관적으로 관찰하고 분석하는 존재론이 아니라, 나를 물음 속에 넣어서 나를 통해 존재를 구명하려는 것이다.

존재가 '물어지는 것'이고 또 존재가 존재자의 존재를 의미하는 한, 존재물음에서 물음이 걸리는 것은 존재자[현존재] 자신이다. 이 존재자

---

[4] 10쪽(S. 9).

는 말하자면 자기의 존재를 겨냥해서 캐물음을 당하고 있는 셈이다.[5]

존재물음의 수행은 따라서 존재자―묻는 자―를 그 존재에 있어서 통찰함을 의미한다.[6]

존재의미의 해석이 과제가 될 때, 현존재는 일차적으로 물음이 걸려야 할 존재자일 뿐 아니라, 또한 이 물음 속에서 물어지는 것에 대해 그때마다 이미 자신의 존재에 있어서 태도를 취하고 있는 존재자이다. 그렇다면 존재물음이란 현존재 자신에 속하는 본질적 존재경향, 즉 전(前) 존재론적 존재이해의 철저화 이외의 다른 것이 아니다.[7]

현존재는 이 세상에 생을 얻어 살고 있으면서 늘 자기의 존재에 대해 가장 큰 관심을 가지고 있는 자이다. 이런 현존재의 존재론을 그는 현존재 분석론(Dasein-analytik)이라고 한다. 현존재 분석론은 일반 존재론을 위한 기초 존재론(Fundamentalontologie)이고자 한다.

수행되어야 할 물음에서 물어지는 것은 존재이다. 존재는 존재자를 존재자로서 규정하는 그것이다. 존재자가 어떻게 설명되든 존재자는

---

[5] 12쪽(S. 6).
[6] 13쪽(S. 7). 여기에서 하이데거는 '순환논증'에 대해 언급하고 있다. "먼저 존재자를 그 존재에 있어서 규정해야 하고, 다음에 그것을 근거로 해서 비로소 존재에 대한 물음을 새롭게 제기하려고 한다면, 그것은 순환 속으로 빠져드는 것이 아닌가? 물음에 대한 해답을 통해 밝혀져야 할 것이 그 물음의 수행에 이미 〈전제〉되어 있지 않은가?"(13쪽)고 자문하고 있다. 여기에 대해서는 뒤에 재론할 것이다.
[7] 23쪽(S. 14).

존재를 기반으로 해서 그때마다 이해되고 있다.[8]

이 말은, 우리는 세상의 모든 존재자와 그 존재를 일상적으로 막연하게 이해하고 있고, 그 이해 속에서 살고 있다는 것을 의미한다. 인간은 자기의 존재에 대해서도 전혀 무지하지 않지만 그렇다고 분명히 알고 있는 것도 아니다. 인간은 본디부터 아 프리오리하게 존재이해를 가지고 있다. 존재이해는 현존재 자신의 본질 틀에 속한다. 현존재가 이 막연하고 평균적인 존재이해를 본질적으로 가지고 있는 것을 하이데거는 현존재적 사실성, 즉 '현사실성'(Faktizität)이라고 한다. '현사실'(Faktum)이란, 객관적 현실에서는 사실(Tatsache)이라고 해야 할 사태를 현존재의 경우에 사용한 표현이다. 이 평균적 존재이해를 명시적으로 밝혀내는 것이 현존재 분석론의 근본적 과제이다. 그것은 현존재가 다른 모든 존재자에 비해 존재적으로나 존재론적으로나 우위에 있다는 것을 시사한다.

3. 존재물음의 존재론적 우위와 존재적 우위

1) 존재적(ontisch)과 존재론적(ontologisch)

모든 실증과학적 탐구는 '존재적'(ontisch) 탐구이다. 실증과학은 사상 영역〔자연, 역사, 생명, 물질, 언어 등〕에 속하는 존재자를 대상으

---

[8] 11쪽(S. 6).

로 연구하고 기술하여 이에 대한 정보와 지식을 획득한다. 동물학은 새나 짐승이나 어류 등 동물을 연구할 뿐 생명 일반을 연구의 대상으로 삼지는 않는다. 즉 실증과학은 사상영역 자체를 주제화하지는 않는다. 이것을 하이데거는 존재적 태도라 한다―그러나 실증과학은 존재자를 대상으로 하기 때문에 사실은 '존재자적'이라고 해야 옳다. 실증과학에서는 사상 영역 자체의 근본 구조를 학문 이전적 경험과 해석에 맡겨놓고 있다. 존재론은 여기를 주제화한다. 즉 존재론은 존재자의 근거인 존재를 사유한다. 더러 존재자에 관해 언급하는 경우에도 존재론은 그것을 그 존재와 관련해서, 존재의 관점에서 관찰한다. 존재자에 대한 지식을 주위 모은다고 해서 존재론이 되는 것이 아니다. 존재론은 사상 영역 자체에서 사용되는 기본 개념을 통찰하고 때로는 수정하여 개별적 실증과학이 지향할 방향을 제시한다. 쉽게 말하면 존재적〔실증적〕 과학과 존재론의 관계는 개별과학과 철학과의 관계와 같다.

2) 존재론적 우위

존재물음의 존재론적 우위란 이와 같이 존재론이 다른 실증과학에 앞서는 위치에 있다는 것이다. 따라서 존재물음은 실증과학의 존재적 물음에 비해 근원적이다.

그러므로 존재물음의 목표로서 겨냥하는 것은, 존재자를 이러저러하게 '존재하는 것'으로서 탐구함으로써 그때마다 언제나 이미 어떤 존재이해 속에서 움직이고 있는 과학들의 가능성의 아 프리오리한 조건만이 아니라, 존재적 과학들에 앞서서 이 과학들을 기초지어주는 존재론 자체의 가능성의 조건이기도 하다.[9]

존재물음이 존재론적(ontologisch)으로 우위에 있다 함은 존재물음이 존재적 과학에 앞서서 거기에 어떤 오리엔테이션을 주어야 한다는 것이다. 그 중에서도 현존재 분석론은 일반 존재론을 위한 기초 존재론이다. 존재론적 우위란 존재론이 학문적으로 다른 개별과학에 대해 우위에 있다는 것이다.

3) 존재적 · 존재론적 우위

존재적 · 존재론적 우위란 다른 존재자에 대한 **현존재의 우위**를 가리킨다. 현존재는 자기의 존재 가능을 스스로 선택할 수 있는 존재자이다. 즉 현존재는 실존한다. 이 점에서 현존재는 현존재 이외의 존재자에 비해 존재적으로 우위에 있다. 이것이 현존재의 첫 번째 우위이다.

현존재는 묻는 자이면서 동시에 물음이 걸리는 존재자이다. 현존재가 자기의 존재에 있어서 이 존재 자체를 문제삼는다는 것은 그가 존재이해를 가지고 있다는 것을 전제한다. 이것은 현존재가 자기 이외의 존재자의 존재에 대해서는 말할 것도 없고 자기 자신의 존재에 대해서도 어떤 방식으로든 어느 정도 이해하고 있음을 의미한다.

제반 학문과 존재론을 연구할 수 있는 존재이해를 가지고 있는

---

[9] 18쪽(S. 11).

존재자는 오직 인간뿐이다. 존재이해를 가지고 있는 현존재는 따라서 자기 자신에 대해 존재론적으로 접근할 수 있다. 이 존재론적 접근 때문에 현존재 분석이라는 존재론이 가능하다. 현존재는 존재론이 가능한 기반이다. 이것은 현존재의 두 번째 우위인 **존재론적 우위**이다. 요컨대 현존재의 존재이해로 인해 존재이론이 가능하다는 것이다. 여기서 존재론적이라고 한 것은 사실은 아직 전-존재론적 단계이다.

그러나 이제 현존재에게는 현존재가 아닌 모든 존재자의 존재에 대한 이해가—실존이해의 구성 요소로서—등근원적으로 속하게 된다. 따라서 현존재는 모든 존재론의 가능성의 존재적-존재론적 조건이라는 세 번째 우위를 갖는다. 이렇게 해서 현존재는 다른 모든 존재자에 앞서서 존재론적으로 일차적으로 물어져야 할 것으로 입증된다.[10]

4. 『존재와 시간』의 방법론

일차적으로 물음이 걸리는 주제적 대상의 존재양식도 주제화하는 태도의 존재양식도 다같이 현존재이다. 현존재의 실존론적 분석론은 이 현존재가 자기 존재를 실존론적으로 분석하는 것이다. 그것은 현존재가 살면서 살아 있는 자기를 분석하는 것이다. 이때의 분

---

[10] 21쪽(S. 13).

석은 '우선 대개'(zunächst und zumeist)라는 일상성에서 출발한다. '우선'이란 '목전에'라는 뜻이고, '대개'는—인간의 삶에서 예외 없는 보편이란 없으니 '보편적으로'라고는 말할 수 없고—'흔히'라는 뜻이다. '우선 대개'는 일상성을 가리킨다. 그리하여 현존재의 실존론적 분석론은 현존재가 살고 있는 구체적 삶의 현실로부터, 즉 '세계'로부터 자기 존재를 이해하는 데서 출발한다. 하이데거의 사유방식을 익히기 위해서는 우리 자신이 일상적으로 늘 살고 있는 나 자신의 모습을 살피는 것으로 족하다. 이를 위한 방법론을 하이데거는 현상학에서 찾는다.

1) 방법개념으로서의 현상학

"〈현상학〉(Phänomenologie)이라는 표현은 일차적으로 방법개념을 의미한다. 이 표현은 탐구대상이 가지고 있는 사상내용(事象內容)이 아니라 그 대상들이 어떻게 있는가를 성격짓는다."[11] 현상학은 논증의 학이 아니라, 사상 자체를 있는 그대로 증시(證示)하는 방법이요, 이것을 격률화(格率化)해서 하이데거는 '사상 자체로!'(Zu den Sachen selbst!)라고 한다. 그는 현상학을 '현상'(Phainomenon)과 '로고스'(logos)로 구성된 낱말이라 하여, 먼저 현상 개념과 로고스 개념으로 나누어서 고찰하고, 나아가서 현상학의 예비개념을 서술한다.

그리스말 현상(Phainomenon)은 '스스로 현시(現示)하는 것', '자기 현시자', '자기 자신에 즉해서 자기를 드러내는 것, 노현(露現)하

---

[11] 41쪽(S. 27).

는 것'¹²(das Sich-an-ihm-selbst-zeigende, das Offenbare)을 의미한다. 고대 그리스인들은 그것을 종종 ta onta(존재자)와 동일시했다. 로고스는 "말하는 가운데 언급되고 있는 것을 밝히는 것, '언급되고 있는 것'을 말하는 자(중동태)로 하여금, 또는 서로 대화하는 자들로 하여금 보이게 하는 것이다. 말은 언급되고 있는 것 자체로부터 〈보이게 한다〉."¹³

현상학이라는 표현을 그리스어로 정식화하면 legein ta phainomena〔현상들을 말한다〕가 된다. 여기서 legein은 apophainesthai〔어떤 것을 그 자신으로부터 보이게 한다〕를 뜻한다. 그리하여 현상학은 apophainesthai ta phainomena, 즉 '스스로 드러내는 것을, 그 자신으로부터 드러나는 그대로, 그 자신으로부터 보이게 함'을 가리킨다. 이것이 현상학이란 이름으로 일컬어지는 연구의 형식적 의미이다. 이렇게 해서 표현되는 것은 앞에서 정식화된 격률, 즉 '사상 자체로!' 이외의 다른 것이 아니다. (…) 〈현상학〉은 그 연구의 대상을 지칭하지도 않고, 또 그 명칭은 연구의 실질적 내용을 성격짓는 것도 아니다. 현상학은 단지 이 학문에서 논의되어야 할 것을 어떻게 제시하고 어떻게 다룰 것인가에 대해 해명할 뿐이다.¹⁴

통속적으로 현상학은 존재자를 그 자신이 드러나는 그대로 드러내 제시하는 것이라고 할 수 있다. 헤겔의 '정신현상학'과 후설의 '의

---

12 43쪽(S. 28).   13 48쪽(S. 32).   14 51~52쪽(S. 34f.).

식현상학'은 정신과 의식이 자기를 드러내는 그대로 기술하는 것이다. 양자는 논증하는 것이 아니라 증거해 보여주는 것이라는 점에서 일치한다. 양자는 물론 다르다. 그 차이는 정신과 의식에만 있지 않다. 전자는 정신의 발전적 전개 과정을 변증법적으로 기술하고, 후자는 의식의 본질을 환원의 절차를 통해 명증적으로 증시(證示)한다.

그러나 존재론의 방법으로서의 현상학은 존재자가 아니라 존재자의 존재를 현시하는 것이다. 존재는 우선 대개는 은폐되어 있다. "현상의 현상학적 개념은 '자기를 드러내는 것'으로서 존재자의 존재, 존재의 의미, 존재의 변양들과 파생태들을 가리킨다."[15] 현상학은 존재자의 존재에 관한 학—존재론이다. 그리하여 "존재론은 오직 현상학으로서만 가능하다."[16] 하이데거에게 철학의 주제는 존재론, 특히 현존재의 실존론적 분석론이고, 그 방법은 현상학적 해석학이다. "철학은 현존재의 해석학에서 출발하는 보편적 현상학적 존재론이다."[17] 주제적으로는 『존재와 시간』은 현존재 분석이며, 방법론으로는 현상학이다. 한마디로 말하면 『존재와 시간』은 초월론적 자아에 대한 현상학적 분석, 기초 존재론이다.

2) 현상의 로고스와 해석학

그런데 하이데거는 자기의 방법론을 '해석학적 현상학'이라고 한다. 이것은 무엇을 의미하는가? '현상의 로고스'로서의 현상학은 legein〔말한다〕, 즉 hermeneuein〔해석하다〕을 필요로 한다. 즉 현상학

---

15 53쪽(S. 35). **16** 같은 곳. **17** 56쪽(S. 38).

은 해석학(Hermeneutik)이라야 한다. 그리하여 그는 이렇게 말한다.

> 현존재의 현상학은 낱말의 근원적 의미에서 해석학이다. (…) 이제 존재의 의미와 현존재 일반의 근본 구조들이 밝혀짐으로써, 더 나아가 현존재가 아닌 존재자에 대한 모든 존재론적 연구를 위한 지평이 분명해지는 한에서, 이 해석학은 동시에 모든 존재론적 탐구 가능성의 조건들을 검토한다는 의미에서의 〈해석학〉이 된다.[18]

해석학은 실존에 관해 무엇을 말하고 있는가? 하이데거에 따르면 logos는 legein에서 유래하며 legein은 hermeneuein이고 hermeneuein은 명사 hermeneus와 연결되고, 이것은 또 hermes, 즉 전달의 신 이름에서 유래한다. 이 신은 운명을 전달한다. hermenuein은 그것을 진술하는 것이다. 말을 통해서 드러나는 것은 '해석'을 거치지 않은 적나라한 사실이 아니다. 언표되는 것은 반드시 '해석'을 거쳐서 전달되게 마련이다. '스스로 드러내는 것을, 그 자신으로부터 드러나는 그대로, 그 자신으로부터 보이게 하는 것'이라는 현상도 학문적으로 언표되고 전달되려면 반드시 '해석'되어야 한다.

그런데 여기서 말하는 현존재의 해석학이란 무슨 뜻인가? 현존재 분석을 위해 해석학적 현상을 방법론으로 삼는다는 것은 현존재의 존재구조, 존재양식 등을 현상으로 받아들여서 '해석'한다는 것이다.

---

18 55쪽(S. 37).

제Ⅰ편 현존재의 예비적 기초분석

제 I 편의 개요

　제I편의 과제는 존재의 의미를 밝히기 위한 예비적 단계로서 현존재를 분석하는 것이다. 현존재를 그 구조 전체에서 말할 때 '세계-내-존재'(In-der-Welt-sein)라고 한다. 이 말은 '내가 이 세상에 살고 있다'는 뜻이다. 세계-내-존재란 세 낱말(In, Welt, sein)을 주워 모아서 만들어진 것이 아니라, 현존재의 근원적이고 항구적인 전체 구조의 통일적 표현이다. 통일적 현상이기는 하지만 이 개념을 구성하는 각각의 요소(세계, 세계-내-존재는 누구인가? 내-존재)로 나누어서 고찰하는 것은 가능하다.

　제I편의 제1장은 현존재의 예비적 분석으로서 제I편의 서론이고, 제2장은 현존재 분석과, 인간을 대상으로 하는 다른 여러 학문 분야(심리학, 생물학, 인류학 등)와의 차이를 밝힌 것이다. 제3장 이후는 이 제I편의 본론이다. 세계-내-존재를 그 세 구조계기(세계, 세계-내-존재는 누구인가? 내-존재)로 나누어서 분석하는데, 먼저 '세계'에 대한 세밀한 분석이 필요하다(제3장). 전통적 존재론과 하이데거의 존재론의 차이를 가장 극명하게 보여주는 단초는 이 세계 개념이다. 하이데거는 이 장을 A, B, C로 나누어서 상론하고 있다. A 부분은 하이데거 고유의 세계 개념의 제시이다. 삶의 세계 속에서 현존재가 제일 먼저 만나는 존재자는 도구이다. 도구적 성격을 가진 존재자를 하이데거는 용재자(用在者)라 한다. 도구가 제대로 쓰일 자리에 적합하게 있는 것을 세계 적소성이라 한다. 이것이 세계 개념을 형성하는 기초이다. B 부분은 데카르트의 '연장'(延長)으로서의 세계 개념에 대한 비판이며, C 부분은 현존재의 공간성에 대한 분석이다. 제4장은 세계-내-존재로서의 현존재는 그 평균적 일상성에서는 누구인가? 하는 물음에 대한 서술이다. 여기서 평균적이라고 하는 것은 수학적 개념이 아니고 사람들의 일상적 삶의 양식을 일컫는 말이다. 이 일상적 현존재에는 나도 있고 남(타자)도 있다. 타자는 나와 더불어 공동 존재를 구성한다. 평균적 일상성 속의 공동 현존재를 하이데거는 '세인'(世人)이라고 한다. 현대 대중사회의 삶의 모습을 거기에서 볼 수 있다.

제5장은 '내-존재'에 대한 분석이다. 이 장은 현존재의 개시성을 다룬 것으로서 A, B 두 부분으로 나누어서 기술되어 있다. A. '현(Da)의 실존론적 구성'에서는 현존재의 정상성(情狀性)과 이해(理解)라는 개시성이 다루어지고 있는데, 전자는 현존재의 현사실적 피투성을 개시(開示)하고 후자는 현존재의 존재 가능을 향한 기투적 성격을 개시한다. B. '현의 일상적 존재와 현존재의 퇴락'은 평균적 일상성 속에서의 현존재의 퇴락 현상을 개시한다. 이 퇴락 현상은 현존재의 비본래적 양식이다. 이상에서 분석된 현존재를 한마디로 정리하면 이렇다: 현존재의 평균적 일상성은 〈세계〉에 몰입하는 자기 존재에 있어서 또 타자와의 공동존재에 있어서, 가장 독자적 〔자기의〕 존재 가능 자체를 문제삼는, 퇴락하면서-개시되고 피투적으로-기투하는 세계-내-존재'(das verfallend-erschlossene, geworfenen-entwerfende In-der-Welt-sein, dem es in seinem Sein bei der 〈Welt〉 und im Mitsein mit Anderem um das eigenste Seinkönnen selbst geht)이다. 이것이 현존재의 존재이다. 마지막으로 '현존재의 존재는 마음씀'으로 천명

된다(제6장). 그리고 그 과정에서 근본적 정상성인 불안이 성찰되고 있는데, 이것은 비본래적 현존재를 본래적 현존재로 전환시키기 위한 수순이다. 현존재의 존재를 마음씀으로서 파악하는 것은 다음 제II편 '현존재와 시간성'을 위한 기반이다. 시간성이란 다름 아닌 이 현존재의 존재의 의미이기 때문이다.

그리고 현존재의 개시성에 입각해서 종래의 실재성 개념과 진리 개념이 근본적으로 검토된다. 실재성 문제에 있어서는 종래의 실재론이 비판되고, 진리 문제에 있어서는 진리의 근원이 현존재의 개시성이라고 천명된다. 이 부분은 앞 장에서 말한 개시성의 여론(餘論) 내지 부록에 해당한다고 할 수 있다.

제1장 현존재의 예비적 분석이라는 과제의 전개

제1장의 과제 : 기초 개념

세상에 있는 것은 모두 존재자(Seiendes)이다. 돌이나 나무는 말할 것도 없고, 우리의 마음도 도깨비도 하느님도 '존재하는 한' 존재자이다. 도깨비나 하느님은 실재적으로 있지 않고 관념적으로 있을 뿐이다. 존재자는 그것이 '있음'(Sein)으로 해서 있는 것이다. 없으면 존재자라고 말할 수도 없다. 존재는 존재자로 하여금 그 존재자로서 있게 한다.

하이데거는 존재자를 크게 두 가지로 나눈다. 하나는 인간이라는 존재자이고 다른 하나는 인간 이외의 모든 존재자이다. 전자를 그는 현존재(現存在, Dasein)라고 부른다. "이 존재자, 즉 무엇보다도 묻는다는 존재 가능성을 가지고 있는 존재자를 우리는 현존재라고 술어화(術語化)한다."[1] 후자는 다시 용재자(用在者, Zuhandenes)와 전재자(前在者, Vorhandenes)로 구분되는데, 그 구분 원리는 종류에 있는 것이 아니라 존재자를 대하는 현존재의 그때그때의 태도에 있다. 즉 구체적 삶 속에서 현존재가 존재자를 사용물(도구)로 삼으면 용재자

---

1 13쪽(S. 7).

가 되고, 단순한 관찰의 대상으로 대하면 전재자가 되는 것이다.

현존재 분석은 달리 말하면 인간 자기에 대한 실존론적 분석인데, 인간을 대상으로 하는 과학에는 심리학, 인간학, 생물학 등 여러 가지가 있다. 현존재 분석은 이것들과 어떻게 다른가 하는 것이 이 장의 부수적 과제이다.

1. 현존재의 실존론적 분석론

현존재(Dasein)란 인간 각자를 가리키는 술어이거니와 그 현존재는 존재이해를 가지고 있다. 이 존재이해 때문에 존재가 현존재에게서 개시(開示)될 수 있다. 현존재는 존재개시(存在開示)의 장(場)이다. 이것을 현존재의 개시성(Erschloßenheit)이라 한다. 현존재 분석이란 비명시적이고 막연한 존재이해를 명시적으로 드러내서 자기 존재의 의미를 밝히는 것이다. 하이데거가 현존재를 존재개시의 근원으로서 언급할 때는 인간 각자를 술어화한 현존재와 구별해서 현-존재(Da-sein)라고 하는 것—더러는 그냥 '현'이라고도 한다—도 유의할 필요가 있다. 즉 현-존재라는 표현은 존재가 현존재에게서 개시된다는 것을 보이기 위해 특별히 선택된 것이다. 우리는 현존재, 실존 및 존재이해에 대해 예비적으로 검토할 필요가 있다.

1) 현존재

현존재는 '스스로 있으면서 이 있음 자체를 가장 큰 문제로 삼고 있는 존재자'(das Seiende, dem in seinem Sein um dieses selbst geht)이다. 현존재에게 가장 큰 문젯거리는 〔이 세상에 살고 있는〕 자기 자신의 존재이다. 그리하여 현존재는 묻는 존재자이면서 동시에 물음이 걸리는 존재자이다. 그런 현존재에게 존재란 그때마다 그 자신의 존재이다. "현존재의 존재는 그때마다 나의 존재이다."[2] 이것을 현존재의 각자성(各自性, Jemeinigkeit)이라 한다. 현존재의 존재가 나의 존재인 만큼 그 존재에는 각자성이 속한다. 현존재 분석이라는 하이데거의 존재론은 따라서 자기 자신의 존재를 스스로 성찰하고 분석하는 존재론이다.

현존재의 실존론적 분석론이라는 하이데거의 존재론은 보편 지향적 철학이 아니다. 보편성을 추구하는 종래의 일반 존재론에서는 '개별화의 문제'는 영원히 해결되지 않는 아포리아이다. 그러나 각자성에서 출발하는 하이데거의 철학에서는 개별성의 문제는 처음부터 제기되지 않는다. 하이데거의 존재론은 제각기의 현존재가 자기의 존재를 문제삼는 존재론이다. 그 대신에 여기에서는 '보편성'의 확보가 문제된다. 보편성 획득을 위해서는 별도의 시각 전환이 필요하다.

나무, 돌 등 무생물과 개, 돼지 등 생물 따위 객관적·실재적 존재자는 양상적으로 보아 현실적 존재자이다. 그러나 현존재에게 지배적인 것은 가능성이다. 인간은 앞을 향해 사는 가능적 존재이므로 그에게는 언제나 현실성보다 가능성이 우위에 있다. 현존재는 가능

---

2 63쪽(S. 41).

적 존재자이다.

현존재는 본래적 존재로 사는가 비본래적 존재로 사는가 하는 삶의 양식을 스스로 선택한다. 즉 제각기의 현존재가 자기 존재를 본래적으로 선택하는가 비본래적으로 선택하는가 하는 것은 각자가 결정할 문제이다. 비본래성이란 '우선 대개'(zunächst und zumeist)의 평균적 일상성 속에서 세계 내부적 존재자에 골몰하여 분주하게 사는 나머지 자기를 망실하는 삶의 방식을 가리킨다. 우리는 슬퍼하고 즐거워하며, 우수사려(憂愁思慮)에 시달리다가 죽는다. 그것이 우리의 일상성이다. 일상성은 모든 사람이 그렇게 사는 구체적이고 현실적인 삶의 모습이다. 그때 사람들은 세상에서 자기를 어떻게 보는가에 맞추어서 자기를 해석하고 자기를 선택한다. 그러므로 비본래성이라고 해서 가치를 폄하하는 것이 아니다. 이런 현존재 분석을 하이데거는 '우선 대개'라는 평균적 일상성에서부터 시작한다.

본래성이란 그런 일상성 속의 세인-자기를 여의고 독자적 자기 자신을 회복하고 자기를 가능적으로 기투(企投)하는 자각적 삶의 양식을 가리킨다. 본래성은 자기를 결의해서 선택할 때만 성취되는 존재양식이다.

2) 실존

현존재는 어쨌든 생을 얻어 이 세상에 살고 있다. 인간이 이 세상에 이렇게 살고 있는 것은 그 존재이유를 따져서 알 수 있는 것도 아니고, 이 삶을 무르고 싶다고 해서 물러지는 것도 아니다. 현존재는 어쨌든 살고 있으면서 자기의 삶에 관심을 기울이고 있다. 그것을 실존(Existenz)이라고 한다. 하이데거는 "현존재의 〈본질〉은 그의 실존에 있다"(Das 〈Wesen〉 der Daseins liegt in seiner Existenz)고 한다. 그러므로 현존재의 존재에 대한 물음에서는 '내가 무엇이냐', 즉 나의 '무엇'(Was)이 물어지는 게 아니라—그것은 물어질 수도 대답될 수도 없다—그 이전에 내가 '어떻게'(Wie) 살고 있으며, 앞으로 '어떻게' 살 수 있는가 하는 것이 질문되어야 한다.

'현존재의 본질은 그의 실존에 있다'는 말은 전통적 일반 존재론으로는 이해하기 어려운 명제이다. 중세적 용어법으로는 존재(existentia)는 대상적으로 있는 만유의 존재자를 가리킨다. 즉 존재란 본질로부터 벗어나서(ex-) 개별적·현실적으로 있는 것이다. 그것과 구별되는 본질(essentia)은 보편적 규정이다. 종래 사람이라는 '존재'의 '본질'은 '이성적'이라고 일컬어져왔다. 그런 식으로 생각한다면 '현존재의 본질은 그의 실존에 있다'는 말은 이해되지 않는다. 이 말의 참뜻은 인간이라는 현존재란 이성적이든 아니든 그 이전에 어쨌든 본질적으로 자기 자신에 관심을 기울이면서 이 세상에 살고 있는 존재자라는 것이다. 이것을 어떤 이는 '실존은 본질에 선행한다'고도 말한다.

3) 실존적과 실존론적

"현존재가 그것에 대해 이러저러하게 태도를 취할 수 있고, 또 언제나 어떤 방식으로든 태도를 취하는 그 존재 자체",[3] 즉 현존재가

---

3 20쪽(S. 12).

문제삼는 그 존재 자체〔자기 자신의 존재〕를 **실존**이라 한다. 실존은 인간의 현사실적 삶을 가리킨다. "실존의 문제는 현존재의 존재적 관심사이다."[4] 현존재는 언제나 자기의 실존에 입각해서 자기를 이해한다. 현존재는 자기 자신으로 있을 수도 있고, 자기 자신으로 있지 않을 수도 있다. 사람은 더러 세상일에 골몰하여 자기를 잊고 사는 수가 있는데, 이것을 가리켜서 자기 자신으로 있지 않다고—즉 비본래적이라고—하는 것이다. 자기의 실존 자체에 대한 이런 주도적 이해를 **실존적**(*existenziell*) 이해라 한다. 현존재의 존재적 관심사를 위해서는 실존의 존재론적 구조에 대해 통찰할 필요까지는 없다.

현존재의 구조적 자기 성찰 내지 자기 분석을 **실존론적**(*existenzial*)이라고 한다. 그리고 실존의 존재론적 구조들의 연관, 즉 실존하는 현존재의 존재 틀을 **실존성**(*Existenzialität*)이라고 한다. "실존이 현존재를 규정하는 한, 이 현존재에 대한 존재론적 분석론은 그때마다 언제나 이미 실존성에 대해 선행적으로 주목할 필요가 있다."[5] "따라서 다른 모든 존재론이 거기에서 비로소 연원할 수 있는 기초 존재론은 현존재의 실존론적 분석론에서 탐구되어야 한다."[6]

4) 실존론적 분석론

하이데거의 존재론, 특히 초기의 현존재 분석론은 실존론적 분석으로 일관되어 있다. 실존론적 분석이란 현존재를 그 실존범주(*Existenzialien*)에 입각해서 분석하는 것이다. 실존범주는 현존재의

---

[4] 20쪽(S. 12). [5] 21쪽(S. 13). [6] 같은 곳.

모든 존재방식과 존재양식 등을 가리킨다. "현존재의 존재성격은 그 실존성에 입각해서 규정되기 때문에 이것을 우리는 실존범주라고 부른다."[7] 하이데거가 독자적으로 창안한 개념인 실존범주란 현존재가 취하는 모든 행동거지의 존재성격을 가리킨다. 현존재는 [도구처럼] 용재적으로 있지 않고, 전재적으로 있지도 않다. 즉 현존재는 실존한다. 가령 현존재가 도구를 사용하여 집을 짓거나 상거래를 하는 것, 공부하고 운동하는 것, 실패하여 고민하는 것… 등은 모두 현존재에게만 고유한 존재양식, 즉 실존하는 양식이다. 현존재의 모든 언어와 행동거지를 포함한 존재방식 내지 존재양식은 실존범주에 속한다. 그러므로 현존재의 실존론적 분석은 다른 존재자를 대상으로 하는 범주적 분석과 다르다.

일반 범주(Kategorie)와 실존범주는 엄격하게 구분된다. 범주란 비현존재적 존재자에 대해 언표하거나 기술할 때 필요한 언표의 기본 틀이다. kategoriai(범주)는 '공개적으로 호소한다', '모든 사람 앞에서 누구를 힐책한다'에서 유래한 말로서 '존재자를 그 존재에 있어서 만인으로 하여금 보게 한다'는 뜻을 가지고 있다.[8] 아리스토텔레스와 칸트가 말하는 범주란 비현존재적 존재자에 대해 우리가 말할 때 그 언표와 언표가 가리키는 존재자들의 기본 분류를 의미한다. 아리스토텔레스의 범주는 존재범주이고, 칸트의 범주는 판단범주이다. 그것은 실존하는 현존재에게는 적합하게 적용될 수 없다.

---

[7] 67~68쪽(S. 44). [8] 68쪽(S. 44) 참조.

5) 존재이해(Seinsverstandniss)

하이데거의 존재론 중에서 가장 중요한 문제는 현존재 분석이 그러면 어떻게 존재론이 될 수 있는가 하는 것이다. 다시 말하면 현존재를 분석하면 어떻게 그것이 곧 존재를 드러내게 되는가 하는 것이다. 그것은 현존재가 존재이해를 가지고 있기 때문에 가능하다. 현존재에 대한 실존론적 분석은 이미 현존재에게 존재이해가 있다는 것을 전제하고서 하는 말이다. 존재에 대한 이해가 없으면 존재가 개시될 수 없다. 존재는 이 현존재의 존재이해에서 개시된다. 그러므로 존재론은 현존재의 존재이해에 의거해서 비로소 성립된다.

> 존재이해가 있을 때만 존재자는 존재자로서 접근 가능하고, 현존재라는 존재양식을 가진 존재자가 있을 때만 존재이해가 가능하다.[9]

현존재가 존재를 이해할 때만 존재가 있다. 이 존재이해가 없으면 존재도 없고 존재론도 불가능하다. 존재는 존재이해 속에만 있다.

하이데거가 그렇게 빈번하게 입에 담는 존재이해란 도대체 무엇인가? 존재이해란 존재에 대한 이해이다. 무릇 생물(동물)은 많든 적든 존재에 대한 이해를 가지고 있다. 그렇지 않고서는 생존할 수도 없다. 그러나 인간 이외의 동물은 만유의 존재자를 총체적으로 또는 개별적으로 대상화해서 과학적으로 사고할 수 없고, 더구나 자

---

9 304쪽(S. 212).

기 자신의 존재에 대해 철학적으로 성찰할 수 없을 것이다. 오직 인간만이 과학적 사고를 하고 철학을 할 수 있다. 지금 우리가 문제삼고 있는 것은 인간만이 독자적으로 가지고 있는 존재이해이다. 그런데 그것이 어떻게 인간에게 주어졌는지, 진화에 의해 성취된 것인지 하느님이 주어서 비로소 갖게 된 것인지, 우리는 그것을 알지 못하며 또 따져서 알 수 있는 것도 아니다. 어쨌든 현존재는 '자연의 빛'(lumen naturale)으로서 아 프리오리하게, 즉 본디부터 이미 존재이해를 가지고 있다. 이 존재이해에 힘입어서 현존재는 일체의 존재자를 개시할 수 있다. 현존재는 그 자체로 곧 개시성이다.

2. 현존재 분석과 다른 과학과의 차이

현존재 분석은 달리 말하면 인간 나에 대한 실존론적 분석이다. 그런데 인간을 대상으로 하는 과학에는 인간학, 심리학, 생물학 따위가 있다. 현존재의 실존론적 분석론은 이것들과 어떻게 다른가?

고대 그리스 철학에서는 인간은 '로고스를 가진 동물'이라고 정의되었다. 여기에서 '동물'의 존재양식은 '전재적(前在的) 존재'로 간주되었고, 로고스는 인간의 고차적 자질(인식 능력)이라고 해석되었다. 하지만 정작 인간의 존재양식에 대해서는 애매한 채로 방치되고 있다. 그리스도교 신학의 전통에서도 인간에 대한 이 정의를 수용하면서, 인간은 신을 닮았지만 유한한 존재자(원죄인)로 간주된다. 인간의 본질은 영원하고 무한한 신을 향해 초월하는 데 있다. 그러나 이 인간 존재에 대한 존재론적 천착은 건너뛰고 있다. 근세 이후 인간은 사유하는 존재자(res cogitans), 의식, 주관 등으로 다루어졌으나 사유도 의식도 주관도 존재론적으로 규정되지 않은 채 자명한 것으로 전제되고 있다.

근대 이후의 실험 심리학은 인간을 실존하는 '나'로서가 아니라 동물의 한 종(種)으로서 자연과학적으로 다루고 있다. 실험 심리학에서 인간의 지각을 쥐 따위 동물의 실험을 통해 구명하려는 강한 경향을 보이고 있는 것은 그 한 예이다.

생물학은 생명에 관한 과학이다. 거기에서는 인간의 생명은 역시 실험적으로 관찰되고 있다. 그뿐 아니라 현대의 생물학은 인간 현존재를 빼버린 채 생명을 하나의 전재적 존재사실, 즉 '단지 살아 있기만 하는 것', 다른 것과 얼마든지 대체될 수 있는 것으로 다루고 있다. 이와 같이 실증과학에서는 인간에 대한 존재론적 기초는 그냥 전제되거나 검토되지 않은 채 건너뛰고 말았다. 그러나 생명은 독자적 존재양식으로서 본질적으로는 현존재에 있어서만 접근 가능하다. 즉 현존재의 삶에서 출발해야 비로소 생명의 존재양식에 대한 존재론적 구명이 가능하다.

하이데거는 현존재를 일상성에서 해석하려고 하지만 그 일상성이란 현존재의 원시성(原始性), 즉 인류의 과거 원시상태를 가리키는 것이 아니다. 인간의 원시성은 인류학을 통해 해명될 수 있다. 일상성은 우리의 비근한 구체적 생활 현장을 가리키므로 고도로 발달한 현대 문명사회 속에서 자기를 망실한 채 분망하게 살아가는 그 현사실적 삶의 양식을 의미한다. 그 일상성을 하이데거는 '우선 대개'라고도 표현한다.

  어떤 이는 『존재와 시간』을 철학적 인간학과 관련지으려고 하지만 이 책은 어디까지나 존재론이다. 하이데거는 존재를 인간 나라는 현존재에 대한 실존론적 분석을 통해 구명하려고 하는 것이다.

제2장 현존재의 근본 틀로서의
세계-내-존재 일반

제2장의 과제 : 내-존재

세계-내-존재란 현존재의 근본적이고 항구적·전체적 구조(틀)이다. 현존재 분석론의 당면한 목표는 먼저 현존재의 존재의 통일적·근원적 구조를 현상적으로 부각시키고, 다음에 그 구조에 입각해서 현존재의 제 가능성과 존재방식을 존재론적으로 규정하는 것이다. 이를 위하여 하이데거는 세계-내-존재를 세 계기로 나누어서 분석한다. 그는 내-존재라는 낱말에 대해 예비적으로 규정해놓는다.

1. 내-존재(內存在)

내-존재(In-sein)라는 낱말에서 내(內, in)는 두 가지로 해석될 수 있다. 하나는 범주적 해석이고 다른 또 하나는 실존론적 해석이다. 전자는 존재자를 전재적(前在的)인 것으로 보고 그것이 공간적 세계 '안'에 있는 것(예컨대 서랍 '안'의 서류, 방 '안'의 가구, 우주 '안'의 지구, …)을 가리키고, 후자는 현존재가 살고 있는 양식을 의미한다. 하이데거의 주제는 후자에 있다. 그에 따르면 'in'은 innan에서 유래하며, '(어디에) 산다', '거주한다', '체재한다'는 의미를 갖는다.

〔innan의〕 'an'은 '나는 익숙하다, 친숙하다', '나는 어떤 것을 돌본다'는 뜻이다; 이것은 habito〔나는 거주하다〕나 diligo〔나는 경애한다〕라는 의미에서 colo〔나는 산다, 돌본다, 경애한다〕라는 뜻을 가지고 있다. 이런 의미에서의 내-존재를 가진 존재자를 우리는 그때마다 나 자신인 존재자〔현존재〕라고 불렀다.[1]

'내가 있다'(ich bin)의 부정법으로서의 존재한다(sein), 즉 실존범주로서 이해된 존재는 '…에 몰입해서 살고 있다', '…와 친숙하다'를 의미한다. 따라서 내-존재는 세계-내-존재라는 본질적 틀을 가진 현존재의 존재를 나타내는 형식적이고 실존론적인 표현이다.[2]

내-존재는 '세계에 〈몰입해 있음〉'(das 〈Sein bei〉 der Welt)이요 달리 말하면 '세상 일에 몰두해 있음'이니, 세계 내부의 한 전재자가 다른 전재자 곁에 나란히 있는 존재방식이 아니라 현존재의 실존범주적 표현이다.

---

1 81쪽(S. 54).   **2** 82쪽(S. 54).

2. 인식의 조건

현존재와 세계와의 관계에 대해 사람들은 현존재가 그 세계를 인식한다고 말한다. 인식은 인식주관이 전재적 객관(인식대상)에 대해 관조하는 태도를 취하는 것으로 여겨지고 있다. 즉 세계인식은 마음-세계의 범주적 관계로 이해되고 있다. 그러나 그렇게 되면 주관이 어떻게 내면에서 나와서 밖에 있는 대상으로 나아가는가—또는 후자를 어떻게 주관의 내면 속으로 들여오는가—하는 해결할 수 없는 문제에 부딪히게 된다. 현존재는 '이미 세계에 몰입해서' 세계 속에 있는 용재자를 배려하면서 살고 있다. 이런 배려로부터 존재자 '곁에 단지 머물러 있기만'(das Nur-noch-verweilen bei) 하면서 바라보는 것, 즉 관조(觀照)로 변환해야 세계 내부적으로 만나는 존재자를 그 '순수한 외견'(Aussehen, eidos)에서 만날 수 있다. 이것이 인식의 기본 조건이다.

그것은 용재자를 전재자로 환원해서 보는 태도에서, 다시 말하면 현존재의 용재자에 대한 배려의 중지, 현존재와 세계와의 생생한 교섭의 결여에서 생기는 것이다. 인식은 내-존재의 한 양식, 즉 존재관계의 한 파생적 변양이다. 주관-객관의 관계라는 의미의 인식은 사실은 "무엇을 만들거나 무슨 일에 종사하는 따위를 중지할 때, 배려는 이제 존재자 곁에 그냥 머물러 있기만 하는 내-존재의 양상으로, 즉 '…단지 곁에 머물러 있기만 할 뿐'이라는 양상으로 바뀌는 것이다."[3] 인식은 세계-내-존재 속에 기초를 둔 현존재의 한 양상, 그것도 파생적인 하나의 양상이다. 요컨대 객관적 인식을 위해서는 용재자를 전재자로 변양시켜야 하고, 실천적 배려를 이론적 관조로 변환시켜야 한다.

---

3 91쪽(S. 61).

제3장 세계의 세계성

제3장의 과제 : 세계 개념

인식이란 일반적으로 위와 같거니와, 그 입장에서 〈세계〉를 현상학적으로 기술하는 것은 세계 내부의 전재적 존재자의 존재를 제시하고 그것을 개념적-범주적으로 확정하는 것이다. 그러나 '전재자의 존재'는 곧 사물의 사물성, 즉 실체성이다. 그런 실체 존재론으로는 세계 현상을 만나지 못한다. 종래의 존재론은 무세계적이거나 세계 문제를 건너뛰고 있다. 종래의 존재론은 세계 문제를 도대체 주제적으로 다루지도 못했다. "세계 내부적 존재자의 존재적 묘사도, 이 존재자[전재자]의 존재의 존재론적 해석도 그 자체로는 〈세계〉의 현상과 만나지 못한다."[1]

앞에서 말한 바 있듯이 세계-내-존재는 세 구성요소로 분절해서 성찰할 수 있다. 그 중 우리는 지금 '세계' 현상을 고찰하려는 것이다. 세계의 세계성의 문제를 다루는 제3장은 다시 세 단계로 나누어서 고찰되고 있다. 먼저 서론적으로 세계성의 이념이 성찰되고(§ 14), 이어서 A. 환경세계성과 세계성 일반의 분석, B. 세계성의 문제

---

1 96쪽(S. 64).

를 둘러싼 데카르트 비판 그리고 C. 현존재의 공간성이 천착된다. 이 중에서 가장 중요한 것은 A 부분이며, B 부분은 세계 개념의 현상학적 해체의 수행이고, C 부분은 현존재의 공간성에 대한 검토이다. 우리는 거기에서 과학적 위상 공간과 현존재의 공간성이 확연히 구별됨을 볼 수 있다. 그때 중요한 것은 현존재의 공간성 개념에서 전재적〔과학적〕공간 개념이 어떻게 도출되는가, 역으로 말하면 전재적 공간 개념을 현존재의 공간성으로 변환할 때는 어떤 관점 전환의 절차가 필요한가 하는 것이다.

1. 세계 일반의 세계성의 이념

'세계 내부적 존재자'(innerweltliches Seiendes)란 세계 내부에 있는 존재자, 예컨대 나무, 돌, 짐승 등 비현존재적 존재자를 가리킨다. 그것은 세계-내-존재가 아니다. 세계-내-존재는 오직 인간 현존재의 실존론적 규정이고, 그 아 프리오리한 형식적 통일적 표현이다. 그것은 현존재의 존재의 근원적 구조이기도 하다. "세계성은 따라서 그 자체 하나의 실존범주이다."[2]

종래 세계는 우리의 삶을 거기에 맞추어서 규제하는 '질서'로서의 우주의 운행(cosmos) 또는 타락한 피조물의 삶의 영역, 즉 세속(mundus)으로 간주되었다. 그 '세계'는 전재자의 한 영역을 가리킨

---

[2] 97쪽(S. 64).

다. 그러나 "존재론적으로는 세계는 본질상 현존재가 아닌 존재자의 규정이 아니라, 현존재 자신의 한 성격이다."[3] 그럼에도 세계 개념은 다의적이다. 이것을 하이데거는 아래와 같이 네 가지 개념으로 기술하고 있다.[4] 즉 세계란,

① 존재적 개념으로서 세계 내부에 전재적으로 있는 존재자의 총체를 의미한다. 집, 산, 강 등 세계 내부적 존재자를 묘사하고 그것들과 함께 출현하는 사건을 이야기하는 것은 존재적일 뿐 존재론적도 실존론적도 아니다. 이런 의미의 세계를 가리킬 때 하이데거는 〈세계〉라고 표기한다.

② 존재론적 개념으로서 ①에서 말하는 존재자의 존재를 가리킨다. 예컨대 '수학자의 세계'는 수학의 가능한 대상들의 영역을 가리킨다. 이것은 존재론적이긴 하지만 실존론적이 아니다. 왜냐하면 여기서 말하는 존재자는 자연적 사물이고 그 존재는 자연 사물성, 즉 실체이기 때문이다.

③ 현존재가 살고 있는 그곳을 가리키는 세계 개념. 이것은 고정적이거나 일양(一樣)하지 않고 가변적이다. 공공적 우리 세계라든가 가정적 환경세계 등을 지칭한다. 이 세계 개념은 존재적이지 아직 존재론적은 아니다.

④ 하이데거는 ③에서 언급한 세계 개념을 존재론적-실존론적으로 사용하여 거기에서 '세계 일반의 세계성'을 찾는다. 그것은 우리가 살고 있는 공공적 세계 및 환경적 세계의 아 프리오리한 기반이

---

[3] 97쪽(S. 64).   [4] 같은 곳.

다. 그는 세계 개념을 이런 의미로 사용한다.

"〈세계성〉은 존재론적 개념이며, 세계-내-존재를 구성하는 한 계기의 구조를 의미한다."[5] "세계는 세계성이라는 존재론적-실존론적 개념을 나타낸다."[6] 하이데거가 말하는 세계의 이념은 이 세계의 세계성이다. 따라서 하이데거의 과제는 세계의 존재론적 구조를 묻고, 세계성 자체의 이념을 규정하는 것이다. 그는 이것을 우리의 신변적 환경세계성에서부터 찾는다. 환경세계란 우리가 일상적으로 그 안에서 살고 있는 생활세계이다.

이를 위해서는 '신변적으로 가장 가까이 만나는 환경세계 내부의 존재자'의 존재론적 해석에서 출발해야 한다. 즉 세계 현상이란 '세계 내부에 있는 존재자〔용재자〕에 즉해서 스스로 현시되는 것'이므로 ③에서 만나는 존재자를 평균적 일상성에서 분석하는 것으로부터 출발한다. 다시 말하면

> 이를 위한 방법적 지시는 이미 주어졌다. 그것은 세계-내-존재가, 따라서 세계도, 현존재의 가장 친근한 존재양식인 평균적 일상성이라는 지평에서 분석론의 주제가 되어야 한다는 것이다. 일상적 세계-내-존재를 추적하여, 이것을 현상적 발판으로 해서, 세계라고 하는 것이 시야 속에 들어와야 한다.

일상적 현존재의 가장 비근한 세계는 환경세계이다. 우리의 탐구는, 평균적 세계-내-존재의 이 실존론적 성격으로부터 출발해서 세계성

---

[5] 97쪽(S. 64). [6] 98쪽(S. 65).

일반의 이념에 이르는 길을 취한다.[7]

하이데거는 이 환경세계를 가장 비근한 존재양식인 평균적 일상성에서 분석한다. 그것은 환경세계 내부의 존재자에 대한 존재론적 해석에서 출발하는 것이기도 하다. 하이데거는 이것을 세 단계로 나누어서 다루고 있다;

① 환경세계에서 만나는 존재자를 존재론적으로 고찰하고,
② 그 환경세계의 세계성을 확정하며,
③ 환경세계의 세계성으로부터 세계성 일반을 획득한다.

A. 환경세계성과 세계성 일반의 분석

2. 존재자의 용재성(Zuhandenheit)과 전재성(Vorhandenheit)

앞에서 보았듯이 인식이란 현존재가 존재자에 대해 취할 수 있는 배려적 태도의 한 결핍된 양상에 불과하다. 배려(Besorge)란 현존재가 일상적으로 세계 내부적 존재자와 맺는 교섭(Umgang)을 가리킨다. 현존재는 세계 내부적 존재자와 교섭하면서 사는데, 그 존재자에 대한 현존재의 마음씀을 배려라 한다. 이 교섭을 이끄는 주시양식(注視樣式, Sichtart)을 배시(配視, Umsicht, 둘러봄)라 한다. 교섭의

---

[7] 99쪽(S. 66).

대상을 그리스인들은 프라그마타(pragmata)라고 했으나, 그들은 그 것을 구체적으로 구명하지 않고 애매하게 방치했다. 하이데거는 그 것을 〈도구〉(Zeug)라고 포착한다. 즉 배려와 만나는 존재자는 일차 적으로 도구이다.

우리는 배려 속에서 만나는 존재자를 도구라고 부른다. 교섭 속에서 눈에 띄는 것은 필기도구, 재봉도구, 작업도구, 여행도구, 측량도구 등이다. 이 도구의 존재양식이 뚜렷이 밝혀져야 한다. 그것은 도구로 하여금 도구이게 하는 것, 즉 도구성격을 먼저 한정하고 이것을 실마리로 하여 이루어진다.[8]

이 도구성격을 가진 존재자를 하이데거는 용재자(用在者, das Zuhandenes)라 하고 그 존재양식을 용재성(Zuhandenheit)이라 한다. 그리고 도구적 성격을 면제받은 존재자, 예컨대 인식의 대상이 되는 존재자, 즉 그냥 바라보기만 하면 되는 존재자[관조의 대상]를 그는 전재자(前在者, das Vorhandenes)라 하고 그 존재양식을 전재성(Vorhandenheit)이라고 한다. 용재자와 전재자는 사물의 종류로 구별되는 것이 아니라, 그 사물을 대하는 현존재의 태도에 따라 구별된다. 범주적-인식적으로 대하는 존재자는 전재자이고, 실존적으로 대하는 존재자는 용재자이다. 가령 동일한 망치라도 내가 그것을 못박는 도구로 사용하면 그 망치는 용재자이지만, 그것이 쇠로 만들어졌고 무

---

[8] 102쪽(S. 68).

게가 100그램이며 그것을 받치고 있는 받침대를 제거하면 중력 때문에 땅에 떨어진다는 등 인식의 대상으로서 대하면 그것은 전재자가 된다. 전재성이란 용재성의 결여태이다.

그런데 도구는 '…하기 위한'(um zu) 것으로서 있고, 이 '…하기 위한'은 하나만으로 있지 않고 상호 지시관계 속에 연관되어 있다. 망치는 못박기 위해 있고, 못박는 것은 집을 짓기 위한 것이며, 집은 사람을 비바람으로부터 보호하기 위해 있다. 이런 입장에서 보면 자연도 단순히 전재자로서 있는 것이 아니다. 용재자적으로는,

> 숲은 조림이고, 산은 채석장이며, 강은 수력이고, 바람은 '돛에 안긴' 순풍이다. 발견된 환경세계와 더불어 만나는 것은 이렇게 발견된 자연이다. 용재적 존재양식으로서의 자연의 존재양식을 도외시해야 비로소 자연 그 자체가 전적으로 그 순수한 전재성에서 발견되고 규정될 수 있다. 그러나 자연을 이같이 [순수한 전재성으로서] 발견할 때에는, 끊임없이 생동하고, 우리를 엄습하고, 아름다운 풍경으로서 우리를 사로잡는 자연은 은폐되고 만다. 식물학자의 식물은 논두렁에 피어 있는 [아름다운] 꽃이 아니며, 지리학적으로 확정된 하천의 수원(水源)은 '땅에서 솟는 샘'이 아니다.[9]

용재자란 우리의 배려적 교섭 속에서 만나는 존재자를 가리킨다. 도구의 용재성이 현저하게 드러나는 것은 그러나 이 교섭이 원만하

---

9 103쪽(S. 70).

게 진행되지 못하는 경우이다. 예컨대 도구가 망가져서 사용할 수 없게 되거나 다루기가 힘들게 되었을 때, 또는 있어야 할 그 자리에 있지 않거나 가로거칠 때 그 도구는 자기의 용재성을 더욱 선명하게 드러내는 것이다. 도구에 대한 배려적 교섭이 이루어지는 곳을 우리는 환경세계라 한다.

3. 지시와 기호

이와 같이, 실존범주에서 보면 존재자의 일차적 성격은 용재성이다. 용재자로서의 도구는 도구 전체와의 연관 속에서 상호 지시관계를 맺고 있다. 우리는 먼저 '지시' 현상을 살피고자 하거니와, 그 지시를 보여주는 도구를 '기호'에서 발견한다.

기호의 일차적 기능은 표시하는 데 있다. 자동차의 앞 양쪽에 붙어 있는 방향 표시등이 그 좋은 예이다. 어느 쪽 등이 깜빡인다는 것, 즉 방향 표시의 기호는 운전자의 의중의 표시일 뿐 아니라 동시에 보행자에게도 표시인 것이다. 그 표시는 '어디에' 유용한지를 존재적으로 구체화하고 있다. 신호등을 켜고 달려오는 차를 보행자가 "피한다는 것은 그[보행자]가 어떤 방향을 잡아 나아가는 것이므로 본질적으로 현존재의 세계-내-존재에 속한다."[10] "기호는 배려적 교섭의 배시를 향해 있으므로, 기호의 지시를 따라가는 배시는 그

---

10 117쪽(S. 79).

기호의 지시를 따라감으로써, 환경세계의 그때그때의 주변성을 분명하게 개관(槪觀)하게 된다."[11] 그러나 그때 그 배시적 개관이 포착하는 것은 용재자가 아니라, 오히려 환경세계 내부에서의 방향성이다. 이와 같이 기호는

> 하나의 도구, 즉 도구 전체를 분명하게 배시 속으로 부상(浮上)시켜서, 그 결과, 이 배시와 일치해서 용재자의 세계 적합성을 고지하는 그런 도구이다.[12]

기호가 지시하는 것은 우리의 배시적 배려와 만나는 도구이다. "기호가 일차적으로 언제나 표시하는 것은, 사람들이 살고 있는 〈그곳〉, 배려가 머물러 있는 거기(worin)이며, 기호가 어떤 적소성(適所性, Bewandtnis)을 가지고 있는가 하는 것이다."[13]

4. 세계의 세계성 : 적소성과 유의의성

세계란 모든 용재자가 그 속에서 개현(開現, freigeben)되어 있는 거기이며, 따라서 용재자가 거기에 의거해서 용재적으로 되는 그곳이다. 다시 말하면 세계를 근거로 해서 우리는 용재자를 만나고 그것과 교섭할 수 있다. 즉 세계가 미리 개현되어 있어야 비로소 현존재는 용재자와 교섭할 수 있는 것이다.

---

[11] 117쪽(S. 79).   [12] 118쪽(S. 80).   [13] 같은 곳.

용재자로서의 도구는 지시에 의해 그 유용성이 보장된다. 그러나 그 지시는 지시 전체성과 연관되어 있다. 이 지시 전체성에 의해 유용성이 보장된 용재자는 그 쓰일 자리에 적합하게 있어야 한다. 도구가 쓰일 자리에 있지 않으면 도구로서 구실할 수 없다. 망치는 망치질을 할 그 자리에 있어야 하고, 망치질은 못박는 곳에서 행해져야 하며, 못박는 일은 무엇을 고정시키는 데 적합한 것이다. 도구가 사용되기에 적합한 자리에 있는 것을 도구의 적소성(適所性)이라 한다. "적소성에는 '어떤 것을 가지고 어떤 경우에 적합하게 한다'는 것이 함축되어 있다."[14]

적소성은 세계 내부적 존재자의 존재이며, 그 적소성을 근거로 해서 그 존재자는 그때마다 이미 우선 개현되어 있다. 세계 내부적 존재자는 존재자로서 그때마다 적소성을 가지고 있다. 존재자가 어떤 적소성을 갖는다는 것은 이 존재자의 존재의 존재론적 규정이지, 존재자에 대한 존재적 진술이 아니다. 존재자가 어디(Wobei)에 적소성을 갖는다는 것은, 유용성의 '무엇을 위해'(Wozu), 즉 사용 가능성의 '무엇에'(Wofür)이다. 유용성의 '무엇을 위해'는 다시 자신의 적소성을 가질 수 있다; 예컨대, 망치질 때문에 우리가 망치라고 부르는 용재자는 망치질에서 적소성을 갖고, 망치질은 고정시키는 데서 그 적소성을 가지며, 이 고정시키는 것은 비바람을 막는 데서 적소성을 갖는다; 후자는 궁극적으로는 현존재의 숙박을 위해, 즉 현존재의 존재 가능성

---

14 123쪽(S. 84).

을 위해 〈존재한다〉.[15]

적소성에는 '…을 가지고〔수단〕 …에〔목적〕'라는 목적-수단 관계가 지시되어 있다. 적소성은 적소 전체성과 연관되어 있다. 이 적소 전체성은 개개의 적소성 〈보다 앞서〉 있다. 집 안의 가재도구 전체가 갖춰져 있어야 비로소 개개의 도구가 적소적일 수 있는 것이다.

적소 전체성은 궁극적으로는 하나의 '무엇을 위해', 즉 어떤 적소성도 이제 더 이상 없는 거기로 귀착된다. 그것은 현존재의 존재이다. 적소성의 궁극목적(Umwillen)은 언제나 **현존재의 존재**와 관계한다. 적소성은 현존재를 궁극목적으로 하여 하나의 계열을 형성하고 있다. 현존재는 본질적으로 자기 존재에 있어서 자기 존재 자체를 문제삼고 있는 존재자이기 때문이다. 다시 말하면 용재자로 하여금 적소토록 하는 것은 현존재이다. "존재론적으로 이해된 '적소토록 한다'는, 존재자를 그 환경세계 내부의 용재성을 향해서 선행적으로 개현하는 것이다. 적소토록 하는 '무엇을 위해'〔목적〕를 근거로 해서 적소성의 '무엇을 가지고'〔수단〕가 개현된다."[16] 현존재는 용재자로 하여금 '그것이 지금 있는 그대로 또 그것이 그렇게 있는 바와 같이, 이러저러하게 있게 한다'.

선행적으로 〈있게〉 한다(sein lassen)는 것은 어떤 것을 처음으로 존재하도록 만들어낸다는 뜻이 아니라, 그때마다 이미 있는 〈존재자〉를

---

15 124쪽(S. 84).　**16** 125쪽(S. 85).

그 용재성에서 발견하여, 그것을 그런 존재를 지닌 존재자로서 만나게 한다는 뜻이다. 이렇게 〔용재자로 하여금〕 〈아 프리오리하게〉 '적소토록 한다'(bewenden lassen)는 것은 용재자를 만날 가능성의 조건이며, 그 결과, 현존재는 그렇게 만나는 존재자와의 존재적 교섭에 있어서, 그 존재자로 하여금 그곳에 존재적 의미에서 적소토록 할 수 있는 것이다. 이에 반해, 존재론적으로 이해된 '적소토록 한다'는, 모든 용재자를 용재자로서 개현하는 것과 관계한다.[17]

현존재가 존재자로 하여금 〈있게〉 한다는 것은 달리 말하면 그 용재자를 목적과 수단 계열상 쓰일 자리에 〈적합하게〉 한다는 것이다. 이를 위해서는 현존재가 존재이해를 가지고 있다는 것이 선행조건으로서 전제되어야 한다. 현존재의 존재이해가 없으면 용재자가 무엇을 위해 어디에 쓰일지 알 수 없기 때문이다.

> 존재자를 적소성이라는 존재양식에서 만나게 하는 기반, 즉 〔현존재의〕 자기 지시적 이해가 행해지는 거기가 다름 아닌 세계라는 현상이다. 그리고 현존재의 자기 지시가 행해지는 기반의 구조가 세계의 세계성을 형성한다.[18]

세계란 달리 말하면 현존재가 존재이해를 가지고 모든 용재자로 하여금 적합하게 쓰일 자리를 미리 지시해줄 수 있는 바탕, 즉 용재

---

17 125쪽(S. 85). **18** 127쪽(S. 86).

자와 구체적으로 교섭하는 우리의 삶이 이루어지는 현장을 가리킨다. 현존재는 세계 형성적이다.

앞에서 우리는 용재자의 적소성에 대해 이야기했다. 그리고 그것이 현존재의 존재를 궁극목적으로 하는 목적-수단 계열을 형성하고 있다고 말했다. 적소성은 달리 말하면 현존재의 존재를 정점으로 하는 목적-수단 계열을 상향적으로 지시하는 데서 성립한다. 이것을 거꾸로 보면, 즉 현존재가 도구로 하여금 쓰일 곳에서 적합하게 쓰일 도구로서 의의를 갖게 하는 하향의 방향에서 보면, 이를 '유의의화 작용'(有意義化作用, be-deuten)이라 한다. 유의의화란 용재자로 하여금 그 용재자로서 의의 있게 한다는 말이다. 가령 내가 장을 보러 간다고 하자. 나는 시장에 가기 위해 버스나 지하철을 유의의화하며, 살 물건을 유의의화하고, 거래를 유의의화한다. 이런 유의의성이 세계를 세계이게 하는 것, 즉 세계의 세계성이다. 이렇게 보면 세계는 현존재를 중심으로 조직된 의미의 그물이다.

〔현존재의 존재인〕궁극목적(Worumwillen)은 '하기 위한'〔수단, Um-zu〕을 유의의화하고, '하기 위한'은 〔쓰일〕 '거기에'(Da-zu)를 〔유의의화하며〕, '거기에'는 적소토록 하는 '어디에'(Wobei)를, 또 이 '어디에'는 적소성의 '무엇을 가지고'를 유의의화한다. (…) 이 유의의화 작용의 관계 전체를 우리는 유의의성(Bedeutsamkeit)이라 한다. 유의의성은 세계의 구조, 즉 현존재가 현존재로서 그때마다 이미 그 안에 존재하는 그런 세계의 구조를 형성하는 것이다.[19]

적소성과 유의의성은 도구의 용재적 지시관계를 상호 반대방향에서 본 것에 불과하다. 전자는 도구에서 출발하여 현존재를 궁극목적으로 하는 상향적 지시계열에서 그 도구의 적합한 쓰일 자리를 본 것이며, 후자는 거꾸로 현존재에서 출발하여 그 동일한 지시계열 속에 있는 존재자를 하향적으로 의의 있게 하는 것이다. 적소성은 현존재가 용재자를 만나는 기반으로서의 세계이고, 유의의성은 현존재가 이미 그 안에서 살고 있는 세계의 구조, 즉 세계성이다. 이것 또한 현존재의 존재이해를 전제하지 않고서는 이야기될 수 없다. 그런 점에서 유의의성은 현존재와 친숙한 관계에 있다. 적소성과 유의의성은 다같이 현존재의 삶의 세계를 보여주는 통로이자 풍경화인 것이다.

B. 세계성의 분석과 데카르트의 세계 해석과의 대조

5. res extentio로서의 〈세계〉의 규정

이상은 세계 내부적 존재자인 용재자로부터 출발해서 세계 현상에까지 이르는 과정 및 세계 개념을 살펴본 것이다. 그런데 그런 세계 개념을 보다 선명하게 보여주기 위해 하이데거는 데카르트의 extentio(연장) 개념으로 대표되는 세계 존재론을 소위 '현상학적 해

---

19 128쪽(S. 87).

체'의 한 예로서 제시한다.

주지하는 바와 같이, 데카르트는 그 자체로 있는 존재자의 존재를 실체(substantia)라 하고 그 실체의 속성으로서 연장(extentio)과 사유(cogito)를 들고 있다. 연장은 물체(res corporea)에서 우연적인 요소를 모두 제거하고 남는 마지막 성질이다. 연장은 길이·높이·깊이에 따른 물체적 실체의 본래적 존재를 형성한다. 실체의 다른 규정들(예컨대 형태·운동·힘·분할성 따위)은 연장의 양상들(modi)로 파악될 수 있다. 이것이 데카르트적 〈세계〉 개념이다.

연장 사물(res extensa)과 사유하는 자(res cogitans)의 존재론적 성격을 결정하는 존재 이념은 실체이다. 그러나 실체 개념은 '그것이 존재하기 위해 다른 어떤 것도 필요로 하지 않는다'는 자족성뿐이며, 그 밖에는 어떤 규정도 없다. 따라서 실체에 관해서는 이 이상 알 수도 없으려니와 그것은 데카르트가 중세의 존재론을 그대로 수용했음을 보여준다. 이것은 아리스토텔레스 이래 존재(ousia) 개념을 유비적으로밖에 파악할 수 없던 사태와 마찬가지로 존재물음의 회피이다.

데카르트가 이해한 세계 내부적 존재자는 용재자가 아니라 그리스 이래의 자연 존재자, 즉 전재자이다. 이것을 데카르트는 모든 변화에도 불구하고 잔존(殘存)하는 것, 그리하여 수학적 사유의 대상이 되는 영속적인 것으로서 파악했다. 이런 존재자를 파악하기에 적합한 인간의 사유는 감각(sensatio)을 제거한 지성(intellectio)이라야 한다. 이 점에서 세계, 용재자, 현존재에 대한 데카르트의 이해는 고대 그리스 시대 이래의 전승에 구속되어 있을 뿐 아니라 그런 것들에 대한 물음은 한 번도 제대로 제기하지 못한 채 건너뛰고 말았다.

C. 환경세계성의 주변성과 현존재의 공간성

6. 용재자의 공간성 : 방역(方域)

　시간을 지평으로 해서 존재를 구명하고자 하는 하이데거에게 공간의 문제는 건너뛸 수 없는 주제이다. 특히『존재와 시간』제I부는 존재를 현존재의 존재에서부터 해명하려고 하는 만큼, 시간과 마찬가지로 공간도 현존재의 존재 틀로부터 실존론적으로 이해되지 않으면 안 된다.

　용재자는 현존재적 세계 속에만 있는 것이 아니라 동시에 사물로서 공간 속에도 있다. 따라서 세계라는 현상을 고려할 때는 공간이라는 현상도 함께 고려되어야 한다. 특히 그 세계를 현존재의 환경세계와 관련해서 고찰할 때는 이 비현존재적 공간 개념에 대해서도 유의하지 않으면 안 된다.

　환경세계 속에서 만나는 용재자는 손 가까이 있는 도구이다. 도구라는 것은 언제든지 사용 가능한 적소적 자리에 있어야 하고, 그 놓여 있는 방향도 사용 가능성을 향해 미리 열려 있어야 한다. 용재자는 이와 같이 그 적소성과 방향이 사용 가능성과 관련해서 현존재에게 가까이 있다. 그 자리는 아직 전재적으로 측정된 위치가 아니라 그 이전의 사항이다.

　용재자의 공간성에 있어서 중요한 개념은 방역(方域, Gegend)이다. 방역은 도구가 있을 제자리, 즉 적소성 및 방향과 관련된 개념이다.

〔도구가 있어야 할〕 자리는 그때마다 하나의 도구가 귀속하는 특정한 〈저기〉이고 〈거기〉이다. 그때그때의 〔도구의〕 귀속성은 용재자의 도구성격과 상응한다. 다시 말하면 용재자가 도구 전체에 적소적으로 귀속하는 것과 상응한다. 그러나 도구 전체가 자리잡을 수 있는 귀속성의 근거에는, 그 귀속성의 가능성의 조건으로서 '어디로' 일반이 놓여 있고, 이 '어디로'를 향해서 하나의 도구 연관에 자리 전체가 지정된다. 배려적 교섭 속에서 배시적으로 앞질러 주목되는 이 '어디로', 즉 가능한 도구적 귀속의 '어디로'를 우리는 방역(方域)이라 한다.[20]

방역이란 도구가 그 적소성 전체에 귀속하는 방향과 주역(周域, 도구가 놓여 있는 주변)이다. 우선 대개 도구와 배려적으로 교섭하는 현존재는 이미 그 도구의 방역을 배시적으로 이해하고 있어야 한다. 방역은 따라서 전재자가 객관적으로 있는 과학적 위상(位相) 개념으로서의 공간이 아니라 그 이전의 자리 개념이다. 이 방역에서 보면 '위'는 천장이며, '아래'는 마룻바닥이다. 해와 달처럼 영속하는 것의 두드러진 자리, 즉 일출, 대낮, 일몰 등은 방역의 중요한 지표가 된다. 천체의 방역인 동서남북은 집을 짓고 묘를 쓰는 데 유효하게 작용하며, 생(生)과 사(死)라는 방역은 현존재의 세계 내에서의 독자적 존재 가능과 관련하여 중요한 배려거리로서 작용한다.

---

20 150쪽(S. 102f.).

7. 세계-내-존재의 공간성 : 거리 제거와 방향 엶

현존재는 용재자도 아니고 전재자도 아니다. 그러므로 "현존재에 어떤 방식으로든 공간성이 귀속된다면, 그것은 오직 내-존재를 근거로 해서 가능하다. 그러나 내-존재의 공간성은 거리 제거(Ent-fernung)와 방향 엶(Ausrichtung)이라는 두 성격을 보이고 있다."[21]

전재적·범주적으로는 거리는 언제나 현존재와 상관없이 측정된다. 그래서 가령 광화문의 도로원표석(道路元標石)에서 수원까지의 거리가 1백20리라고 하면 그것은 현존재의 환경세계와 관계없이 측정한 길이가 1백20리라는 것이다. 그러나 "현존재 속에는 가까움을 지향하는 본질적 경향이 있다."[22] 따라서 실존론적으로는 멂과 간격은 '거리 제거', 즉 가까이함(Näherung)에서 이해되어야 한다. 현대 문명의 총아인 라디오, 전화, TV, 인터넷, E-mail 등은 모두 이 거리 제거의 두드러진 현상이다. 이것은 달리 말하면 일상적 환경세계의 확대이기도 하다. 우리는 일상적·배시적으로 '거기까지는 담배 한 대 거리'라거나, '집까지는 반시간 걸린다'고 한다. 그러나 그 거리나 시간은 엄격하게 측정된 길이나 시간이 아니다. 그 거리와 시간은 일상적 배려에 익숙해진 거리이고 시간이다.

현존재는 거리 제거라는 방식에 있어서 본질적으로 공간적이기 때문에, 교섭은 언제나 어떤 활동 범위 안에서 그때마다 현존재에 의해

---

21 153쪽(S. 104f.).   **22** 같은 곳.

거리 제거된 〈환경세계〉 내에서 행해지며, 따라서 우리는 거리상으로는 우선 〈가장 가까운 것〉을 듣지도 보지도 못하고 넘기는 수가 흔히 있다. 시각과 청각은 원거리 감각이지만, 그것은 이 두 감각이 사정거리가 멀기 때문이 아니라, 현존재가 거리 제거하는 자로서 주로 이 두 감각에 의존하고 있기 때문이다.[23]

환경세계적으로는 '저기'에서 다가오고 있는 친구는 내가 짚고 있는 지팡이보다 가까이 있으며, 내 발밑에 있는 길바닥은 100미터 앞에 있는 골문보다도 멀다. 아니 눈에 띄지도 않는다. 저 벽에 걸려 있는 그림은 내 코 위에 얹혀 있는 안경보다 가까이 있다. "현존재는 자신의 '여기'를 환경세계의 '저기'로부터 이해한다. 이 여기는 전재자가 있는 '어디'가 아니라, 거리 제거하는 존재〔현존재〕가, 이 거리 제거와 일치해서, …에 몰입해 있는 '어디'인 것이다."[24] 현존재는 배려적으로는 '여기'에 있지 않고 '저기'에 있으며, 저기로부터 여기로 돌아온다. 다시 말하면 현존재는 배려거리가 있는 '저기'로부터 자신의 '여기'로 돌아오는 것이다. 현존재는 내-존재로서 거리 제거와 동시에 방향을 연다는 성격을 가지고 있다.

가까이함은 그에 앞서 이미 어떤 방역을 향해 방향을 취하고 있었던 것이며, 이 방역으로부터 거리 제거된 것이 가까이 오는 것이고, 그 결과, 거리 제거된 것은 그 자리와 관련해서 눈에 띄게 된다. (…)

---

[23] 156쪽(S. 107).   [24] 157쪽(S. 107).

현존재가 존재할 때, 그 현존재는 방향을 열면서 거리 제거하는 자로서, 그때마다 이미 발견된 자기의 방역을 가지고 있다.[25]

거리 제거와 마찬가지로 방향 엶도 세계-내-존재의 존재양상으로서의 배시적 배려에 의해 선행적으로 인도되고 있는 것이다. 이런 방향 엶에 입각해서 좌우의 방향이 개현된다.

8. 현존재의 공간성과 공간

용재자의 적소 전체성의 개현은 등근원적으로 거리 제거하면서 방향을 열어 용재자로 하여금 한 방역에 적소케 하는 것이다. 이 방역은 방향을 열고 거리 제거된 것으로서 만날 수 있는 용재적 도구 연관의 가능한 귀속성의 '어디로'로서 이해된다. 이것은 용재자의 공간 귀속성을 말한다. 현존재는 용재자를 공간성을 향해 개현한다. 이것을 하이데거는 '공간명도'(空間明渡, Raum-gebung) 또는 공간허용(Einräumen)이라고 한다. 양자는 다같이 현존재의 공간성에 속하지만, 공간명도는 용재자를 만나도록 공간적 자리를 열어주는 것이고, 공간허용은 적소성이 결정된 가능한 장소 전체성을 미리 주는 것으로서 그때그때의 현존재의 정위(定位)를 가능하게 하는 동일 현상을 가리킨다.

---

[25] 158쪽(S. 108).

현존재가 세계를 배시적으로 배려하면서 무엇을 갈아 넣고, 비우고, 〈챙겨 넣고〉할 수 있는 것은, 오직 현존재의 세계-내-존재에—실존범주로서 이해된—공간허용이 속하기 때문이다.[26]

이와 같이 우리가 검토한 것은 현존재의 공간성이지 결코 공간이 아니다. 공간성과 공간은 엄연히 다르다. 우리는 이 양자의 구분에 대해 유의해야 한다. 전자는 세계-내-존재로서의 현존재가 용재자를 배시적으로 배려하는 그 유희공간(Spielraum), 즉 공간명도와 공간허용이고, 후자는 전재자에 대한 관조에서 드러나는 순수한 동질적 공간—과학적 공간, 즉 연장성—이다.

공간의 〈형식적 직관〉이 공간적 제 관계의 순수한 가능성들을 발견한다. 이때 순수한 동질적 공간을 전개하면, 공간형태의 순수한 형태학에서부터 위치해석에 이르고, 마침내 순수한 계량적 공간학에 이르기까지 일련의 단계 계열이 성립한다.[27]

그리하여 과학적 순수 공간, 즉 위상(位相) 개념으로 돌아가기 위해서는 용재자에 대한 배시적 배려를 철폐하고 사물을 오로지 전재적으로만 관찰하는 태도로 우리 자신을 전환시켜야 한다—다시 말하면 무세계적 사유공간으로 돌아가야 한다.

---

26 162쪽(S. 111).   27 163쪽(S. 112).

제4장 공동 존재와 자기 존재 : 〈세인〉

제4장의 과제 : 세인

현존재가 나 자신이라는 사실은 처음부터 전제된 것이다. 그리고 앞장에서 우리는 세계 개념을 분석했다. 그런데 현존재는 그 세계에서 혼자 사는 것이 아니고, 세계-내-존재로서 현사실적으로 남과 더불어 함께 살고 있다. 이 대목에서 우리는 나 아닌 남〔타자, der Andere〕이란 어떤 구조를 지닌 존재자인가, 그리고 그 타자와 내가 더불어 우리〔공동 존재〕를 형성하거니와 그 우리란 일상적으로 누구인가를 검토한다. 이것이 세계-내-존재의 두 번째 구성요소인 '세계-내-존재는 누구인가'의 문제이다. 여기에서 하이데거는 현존재의 두 존재방식을 다루고 있다. 하나는 나의 현존재와 같은 구조를 가진 〈남〉이고, 다른 또 하나는 일상성 속에 살고 있는 세계-내-존재인 나와 남들, 즉 〈세인〉(世人, das Man)이다. 세인은 세계로부터 이해된 나와 남을 일컫는 말이다. 그 세인의 존재양식의 한 변양태가 평균적 일상성 속의 나와 타자이다.

1. 현존재는 누구인가 하는 실존론적 물음의 단초

현존재는 누구인가? 말할 것도 없이 그는 '나'이다. 나는 용재자도 아니고 전재자도 아니다. 전통적으로는 그러나 그 '나'는 변화를 일관해서 불변적으로 있는 전재자 또는 주체(subjectum)로서의 나로 간주되었다. 전재자나 주체라는 것만으로도 '나'는 이미 실체임을 시사한다. 그때의 나(자아)를 〈주어진 것〉, 자명한 것으로 받아들이면, 이 나는 무세계적 존재자가 되고 만다. 그것은 '인간을 영혼과 신체의 결합'으로 보는 것에 다름 아니다. 그런 나는 추상적 자아일 뿐, 구체적 일상성 속에서 실존하는 '나'가 아니다.

후설이 말하는 자아는 그런 자아의 대표적 예이다. 후설의 ego cogito〔생각하는 자아〕는 무세계적 자아이다. "(…) 세계 없는 단순한 주관이란 우선 〈존재〉하지도 않고, 결코 주어져 있지도 않다. 마찬가지로 결국 타자 없이 고립된 자아도 우선 주어져 있지 않다."[1] 그러므로 "〈자아〉가 현존재의 한 본질적 규정성이라면, 그 규정성은 실존론적으로 해석되어야 한다."[2] 다시 말하면 나도 남도 실존하는 자로서 규정되어야 한다. 현존재의 본질은 그의 실존에 있기 때문이다.

---

[1] 171쪽(S. 116).　[2] 171쪽(S. 117).

2. 타자의 공동 현존재와 일상적 공동 존재 그리고 고려의 두 방식

현존재인 나와 마찬가지로 용재자와 관계 맺는 또 하나의 현존재가 있다. 그도 나와 더불어 세계-내-존재이다. 그는 나의 타자이다.

〈타자〉란 그들로부터 자아가 부각되는, 나 이외의 나머지 사람 전부라는 뜻이 아니다. 타자들은, 사람들이 대개 그들로부터 자신들을 구별하지 않고 그들 속에 섞여 있는, 그런 사람들이다.[3]

타자란 나와 함께 공동의 세계(Mitwelt)를 형성하면서 그 속에 함께 살고 있는 공동 현존재(Mitdasein)이다. 현존재의 세계란 엄격하게 말하면 공동 세계이다. 공동 존재(Mitsein)는 세계-내-존재의 실존론적 구성요소이고, 따라서 공동 현존재는 환경세계적으로 만나는 〔현존재라는〕 존재자의 독자적 존재양식이다. 독자적이라 함은, 타자들은 용재적 존재자가 아님은 말할 것도 없지만 앞에서 말한 인식의 대상으로서 전재적으로 있는 그런 주관도 아니라는 뜻이다. "타자들은 세계, 즉 '배려하면서 배시하는 현존재가 본질적으로 자기를 지탱하고 있는 거기〔세계〕'를 근거로 해서 만난다."[4] 공동 세계 속에서 우리는 나루에 매여 있는 낯선 배를 보면 그것을 타고 강을 건너갈 어떤 손님을 생각하고, 지어진 옷을 보면 그것의 착용자를

---

[3] 174쪽(S. 118).   [4] 같은 곳.

연상한다: 잘 손질된 밭을 보면 채소를 가꿀 밭 주인을 생각하게 되고 책은 저자와 독자를 지시한다. 이와 같이,

> 타자의 공동 현존재는 종종 세계 내부적 용재자를 통해 만난다. 타자들이 그들의 현존재에서 말하자면 주제가 될 때 우리는 그 타자들을 전재하는 인격적 사물로서 만나지 않고, 〈작업 중〉, 즉 일차적으로 그의 세계-내-존재에서 만난다.[5]

만일 〔일반 존재론에서처럼〕 타자를 영혼과 신체로 합성된 인격적 존재자라고 한다면, 그를 인식하기 위해 우리는 엄청난 노력을 해야 할 것이다. 왜냐하면 그를 인식하기 위해서는 신체를 구성하는 물질과 영혼에 대해 인식해야 하고, 인격이라는 것에 대해서는 별도의 고찰이 필요할 것이며, 나아가서 그 인격에 대한 체험은 또 어떻게 성립하는가 하는 등등의 문제에 봉착하게 될 것이기 때문이다. 그런 문제는 거의 해결 불가능하다. 헤겔에서와 같이 타자를 '인정(認定)을 위해 나와 상호 투쟁관계에 있는 자'라고 해도 사정은 비슷하다. 그때의 타자는 투쟁의 대상인 적이지 나와 협력하고 공동의 일을 수행하는 동지는 아닐 것이다. 후설은 '타자 구성'을 위해 상호 주관성(Intersubjektivität)이라는 것을 가정한다. 그러나 실지로 살아 있는 타자에 이르기 위해 그는 감정이입(Einfürung)이니, 자연의 제일성이니, 유사화적 통각(類似化的統覺)이니, 쌍관(雙關, Paarung)이니 하는

---

[5] 175~176쪽(S. 120).

장광설을 늘어놓는다. 그래도 타자와의 만남에는 아무런 도움이 안 된다. 이 많은 과정 중 한 예로 감정이입을 보자. 감정이입이란 본디 공동 존재를 근거로 해서 비로소 가능한 것이지만 설사 감정이입으로 타자가 구성된다고 하더라도 의식 내재적으로 구성된 타자가 환원을 풀고 어떻게 현실적으로 살아 있는 타자로 나올 수 있는가 하는 문제가 남는다. 타자 문제를 이렇게 일반 존재론적으로나 인식론적으로 해결하려는 시도는 모두 궁색한 골목길로 꼬여들고 만다. 현존재는 본질적으로 공동 현존재인 것이다. 홀로 있다는 것은 이 공동 현존재의 한 결여적 존재양식일 뿐이다. 인간은 애초부터 홀로 있을 수 없는 존재자이다.

용재자에 대한 마음씀을 배려라고 하는 것과 구별해서 타자에 대한 마음씀을 하이데거는 고려(*Fürsorge*)라고 하고, 배시(둘러봄)에 상응하는 것을 보살핌(Rücksicht, 돌봄)이라 한다. 타자에 대한 고려는 두 개의 극단적 가능성을 가지고 있다. 하나는 '타자로부터 그 〈배려〉를 빼앗아서 그의 배려거리를 자기가 대신하고 그를 위해 진력하는 것', 즉 타자의 배려거리를 빼앗아서 그 배려거리를 대신 해결해 줌으로써 결과적으로 그를 무력화시키고 자기에게 예속시키는 것이다. 그 대표적인 예는 숙제를 대신 해주는 등의 과잉 보호이다.

다른 또 하나는 타자에게 모범을 보이는 것이다. "이것은 타자를 위해 〈마음씀〉을 빼앗는 것이 아니라, 마음씀 그 자체를 비로소 본래적으로 〔그 타자에게〕 돌려주는 것이다."[6] 그것은 타자의 실존에 관

---

6 178~179쪽(S. 122).

계하지 그의 배려거리에 관계하지 않는 것으로서, 그 타자를 자유롭게 한다. 인간관계에는 이 두 극단적 가능성 사이에—그때그때의 타자와의 관계방식에 따라—그 혼합형태가 무수히 있을 수 있다. 타자는 현존재와 마찬가지로 존재이해를 가지고 있는, 나와 다를 것이 없는 세계-내-존재이다.

3. 일상적 자기 존재와 세인

앞에서 말한 타자들이란 일상적 상호 존재에서의 현존재, 즉 사람들이다. 나를 포함한 그들은 이 사람 저 사람이 아니고, 사람 자신이나 몇몇 사람도 아니며, 모든 사람들의 총체도 아니다. 그들은 중성적 세인(世人, das Man)이다. 세인은 현존재의 중성적 실존방식이다. 세인이란 평균적 일상성 속에서 우선 대개 살고 있는 사람 일반, 모든 사람이면서 동시에 아무도 아닌 사람들(Jederman und Niemand)을 가리킨다. 달리 말하면 세인이란 대중이다. 나도 물론 세인이라는 점에서는 예외가 아니다. 사람은 아무도 세인임을 면할 수 없다.

공공의 교통기관을 이용하고 보도기관(신문)을 활용할 때, 모든 타자들은 그냥 타자들이다. 이 상호 존재는 자기의 현존재를 완전히 타자라는 존재양식 속으로 용해하여, 더욱이 차이지고 두드러지는 타자란 더욱더 소멸되고 만다. 이렇게 눈에 띄지 않고 확인할 수 없는 가운데에서 세인은 자기의 본래적 독재권을 발휘한다. 우리는 세인이 즐기듯이 즐기고 만족스러워하며, 세인이 보고 비평하듯이 문학과 예술에 관해 우리도 읽고 보고 비평한다. (…) 세인은 특정한 사람이 아니며, 총계라는 의미에서가 아닌 모든 사람이다. 이 세인이 일상성의 존재양식을 지령하는 것이다.[7]

⟨나⟩는 우선 독자적인 나 자신이라는 의미로 ⟨존재⟩하지 않는다. 나는 세인이라는 방식으로 타자인 것이다. 이 세인으로부터, 그리고 세인으로서, 나는 나 ⟨자신⟩에게 우선 ⟨주어져⟩ 있다. 현존재는 우선 세인이고 또 대개 세인으로 그친다.[8]

세인이란 세계 속에서 보여진 현존재, 즉 평균적 일상성에서 우선 대개 보여진 나와 타자이다. 세인은 사람들이 일반적으로 사는 삶의 방식일 뿐이요, 그것을 폄하하는 말이 결코 아니다. 사람들은 배려되는 용재자로부터 배려하는 자기 존재를 이해하며, 세계가 자기를 보는 데 따라서 자기를 보고, 자기를 해석하는 대로—이것을 피해석성이라 한다—자기를 해석하며, 그런 자기를 선택하면서 살고 있다. 이렇게 사람들은 일상적으로는 환경세계에 몰입해서 부지불식간에 남들에 의해 지배되어 자기를 망실한 채 살고 있다. 이것이 일상성의 평균화라는 현상이다.

이 세인에 대한 하이데거의 서술은 현대 대중사회에 대한 견해의 피력이기도 하다. 그는 세인의 실존론적 성격으로서 다음과 같은 몇

---

[7] 185쪽(S. 126f.). [8] 188쪽(S. 129).

가지를 지적하고 있다. ① 차이성(Abständigkeit) : 세인은 남들과 자기를 차이지게 해서 자기를 돋보이게 하려는 경향을 가지고 있으며, 또한 그 차이를 없애고 남들과 같아지려는 경향도 가지고 있다. ② 평균성(Durchschnittlichkeit) : 이것이 산술적 개념이 아님은 물론이다. 이것은 예외적인 것, 생소한 것, 근원적인 것, 비밀스런 것 등을 하루 아침에 범속한 것, 누구나 다 알고 있는 것으로 만들어버리는 대중사회의 성격을 가리킨다. ③ 공공성(Öffentlichkeit) : 공공성은 세계 해석과 현존재 해석을 규제하여 일체를 불투명하게 하고, 그렇게 해서 은폐된 것을 숙지된 것, 누구에게나 접근 가능한 것으로서 내세운다. 상식이 큰소리치는 현상은 이런 데서 연유한다. ④ 평준화(Einhebung) : 이렇게 해서 곧 모든 것은 평탄화된다. ⑤ 존재면책(Seinsentlastung) : 모든 사람이면서 동시에 아무도 아닌 세인은 모든 일에 대해 책임을 지면서 또한 어떤 책임도 지지 않는다. "세인은 그때그때의 현존재로 하여금 그 일상성에서 책임을 면하게 한다."[9] 이것은 현존재가 자기를 아무도 아닌 자에게 넘겨버리기 때문에 생기는 현상이다. 그것을 하이데거는 존재면책이라 한다. 그 밖에 세인의 특성으로서 그는 예속(Botmässigkeit), 영합(Entgegenkommen)을 열거한다.

---

9 186쪽(S. 127).

제5장 내-존재 자체

제5장의 과제 : 현존재의 개시성

하이데거는 현존재의 존재 틀인 '세계-내-존재'를 세계, 세계-내-존재는 누구인가? 내-존재의 세 계기로 나누어서 분석한다고 했다. 세계 개념에 대해서는 이미 고찰한 바 있고(제3장), 그 세계 속에 사는 일상적 현존재는 누구인가에 대해서도 살펴보았다(제4장). 이제 남은 과제는 내-존재에 대한 분석이다. 그러나 내-존재에 대해서는 이미 저 앞(56~57쪽)에서 간단하게 언급한 바 있다. 내-존재란 현존재가 '세계에 몰입해서 살고 있음'이다. 그것을 미리 언급한 이유는 세계와 누구의 문제가 이 내-존재의 문제와 통일을 이루고 있다는 것을 간과하지 않게 하기 위해서라고 하이데거는 말한다.

내-존재를 고찰한다는 것은 현-존재의 '현'(Da des Da-seins), 즉 현존재의 개시성(Erschloßenheit)을 성찰하는 것이다. 존재하면서 자기의 존재에 대해 가장 큰 관심을 갖는 현존재는 자기의 '현'(Da)으로 있는 자이다. 현존재는 아 프리오리하게 본디부터 존재이해를 가지고 있기 때문이다. 이 존재이해로 존재를 개시한다 함은 전술한 바 있다. 현존재를 '현-존재'(Da-sein)라 하고 더러는 그냥 '현'(Da)이라고도 표시하는데, 그것은 현존재의 개시성을 강조하기 위한 것이라는 것도 앞에서 언급했다. 현존재는 그 자체로 존재 개시성이다. 내-존재의 해명은 현존재가 '현', '밝음', '밝힘'이라는 것을 실존론적으로 해명하는 것이다. 현존재의 '현'은 곧 세계의 현이기도 하다. 세계는 현존재의 근본 틀인 세계-내-존재의 한 구성계기이기 때문이다. 다시 말하면 현존재의 개시성은 세계-내-존재의 개시성인 것이다.

'현'의 개시성을 하이데거는 두 가지로 나누어서 서술한다. 하나는 Da라는 말이 '여기'·'저기'라는 의미를 가진 낱말인데 그것이 개시성을 갖는다는 것은 현존재가 본질적으로 공간 개시성이라는 데서 보여지는 개시성이고, 다른 또 하나는 인간을 종래 '자연의 빛'(lumen naturale)이라 하거니와 그 빛이 인간에게 본유(本有)한다는 데서 보여지는 현존재의 개시성이다. 달리 말하면 앞에서 언급한 현존재의 아 프리오리한 존재이해에 입각한 개시성이다.

관용화된 말뜻에 따르면, 〈현〉은 〈여기〉와 〈저기〉를 가리킨다. 〈여기 있는 나〉의 〈여기〉는 언제나 〈저기〉에 입각해서, 즉 저기를 향해 '멂'을 제거하면서-방향을 열면서-배려하면서 존재한다'는 의미에서의 저기에 입각해서 이해된다. 현존재에게 그와 같이 그의 〈자리〉를 규정해주는, 현존재의 실존론적 공간성은 그 자체 세계-내-존재에 근거한다. 저기란 세계 내부적으로 만나는 것의 규정성이다. 〈여기〉와 〈저기〉는 하나의 〈현〉에서만, 다시 말하면 〈현〉의 존재[현-존재]로서 공간성을 개시한 존재자가 있을 때만 가능하다. (…) 〈현〉이라는 표현은 이 본질적 개시성을 의미한다. 이 개시성으로 인해 이 존재자(현존

재)는 세계의 현-존재와 하나가 되어 자기 자신으로 〈현〉존재한다.[1]

현존재의 '여기'는 실존론적으로는 배려적 용재자의 '저기'에 입각해서 개시된다. 즉 현존재는 공간을 '거리 제거하면서-방향을 열면서' 배려적으로 개시한다. 공간이란 말은 하이데거적으로는 전재적 개념이고, 근원적 실존론적으로는 '여기'는 현존재가 있는 '자리'—거기—이다. 현존재가 살고 있는 역사적 현실이라는 장(場, Da; 지금·여기)에서 역사적 세계가 개시된다. 그 장(場)이 세계이다. 현존재와 세계는 '현'(Da)에서 하나이고, '현'은 현존재가 존재를 개시하는 장이다. 현존재는 곧 개시성이다.

현존재는 종래 '자연의 빛'이라고 비유되어 왔는데 이 빛으로 조명하는 것은 현존재 자신이다. 현존재 자신이 세계-내-존재로서 만유의 존재자에게 또는 자기 자신에게 빛을 발하는 것이다. 즉 현존재가 다른 존재자에 의해 밝혀지는 것이 아니라, 그 자신의 존재가 곧 빛으로서 밝음(Lichtung)이요 밝힘임을 의미한다.

실존론적으로 그렇게 밝혀진 존재자〔현존재〕에게만 전재자가 빛 속에서는 접근되고 어둠 속에서는 감추어진다. 현존재는 자기의 '현'을 애초부터 본유(本有)하는 것이어서, 그것 없이는 현존재는 현사실적으로 존재하지 않을 뿐 아니라 도대체 그런 본질을 가진 존재자가 아니다. 현존재는 그의 개시성이다.[2]

---

[1] 193~194쪽(S. 132).   [2] 194쪽(S. 133).

이런 개시성으로서의 현-존재를 구성하는 근원적 방식을 하이데거는 정상성(情狀性, Befindlichkeit)과 이해(理解, Verstehen) 및 퇴락(頹落, Verfallen)이라고 한다. 이것들은 현존재의 각각의 존재방식이 아니라 현존재의 통일적 현상을 등근원적으로 구성하고 있는 계기들이다. 그는 이것을 A, B의 두 단계로 나누어서 고찰한다. A 부분은 정상성과 이해의 개시성을 고찰하는 것이고, B 부분은 평균적 일상성에서의 현존재의 퇴락에 대한 기술이다. 이와 같이 A, B 두 단계의 서술을 통해 하이데거는 정상성은 현존재의 피투적 현사실성을 개시하고, 이해는 현존재의 실존〔기투〕을 그리고, 퇴락은 현존재의 피투성과 은폐 경향을 각기 개시한다는 것을 보여주고 있다. 그에 앞서 하이데거는 내-존재의 주제적 분석의 과제를 언급하고 있다. 이 제5장은 또 한편으로는 현존재의 존재인 마음씀을 파악하기 위한 예비작업이기도 하다.

A. '현'(Da)의 실존론적 구성

1. 정상성으로서의 현-존재와 두려움

'정상성'(情狀性)이라고 번역한 독일어 단어는 Befindlichkeit이다. 이 말은 befindlich, befinden sich(어떤 상태로 있다, 어떤 기분으로 있다, 마음이 어떤 기분 상태에 있다)를 명사화한 것으로서 존재적으로는 사람의 어떤 정서적 상태, 즉 '기분'(Stimmung)이라고 하는 것이다.

이 말을 state of mind(마음의 상태)라고 영역하는 사람도 있다. 사람이 존재자와 교섭하면서 사는 한, 그 교섭이 원만한가 원만하지 못한가에 따라 즐거울 수도 있고 즐겁지 않을 수도 있다. 동양에서는 희로애락이 아직 일어나지 않은 상태(喜怒哀樂 未發之中)를 중요시해 왔으나 그것은 저 뒤에서 보게 될 현존재의 본래성을 가리키는 것이고, 일상적으로 사람은 어쨌든 언제나 어떤 기분 상태에 있다. 그 양식의 하나로서 하이데거는 '두려움'(Furcht)을 들고 있다. 아무런 기분도 갖고 있지 않다는 것, 즉 무기분이라는 것은 기분의 한 결여적 변양인 것이다. 실존범주로서 정상성은 현존재가 처한 정서적 상황이라는 뜻이다. 정상성은 '현존재 자신이 어떤 정서적 상황에 있다'는 것을 개시한다.

종래 기분이니 정상성이니 하는 것은 전혀 철학의 주제가 될 수 없었다. 왜냐하면 그것은 매우 사적(私的)이고 우연적이고 변덕스런 것이어서 인간의 보편적 본성으로부터 가장 멀리 떨어진 것이기 때문이다. 설사 그것을 주제화한다 하더라도 그것은 심리학적 사상(事象)이지 철학의 주제는 아니라고 여겨졌다. 그리하여 어떤 이는 하이데거의 정상성 분석을 '기분의 형이상학'이라고도 했다.

그러나 기분이나 정상성은 현존재를 근원적으로 드러내는 현(Da), 즉 존재개시의 장이다. 기분은 반성을 통해 드러나는 것이 아닐 뿐 아니라 도리어 기분에 있어서 현존재는 자기와 세계를 원초적·직접적으로 개시한다. 또한 기분에 따라 세계가 달리 개시된다는 것도 무시할 수 없는 현상이다. 현존재가 기분에 젖어 있다는 것은, 현존재가 그 존재에 있어서 바로 그 [기분에 젖은] 현존재로서 실존한다는 사실을 개시한다.

현존재는 모든 인식과 의욕 이전에 그리고 인식과 의욕의 개시범위를 훨씬 넘어서 기분에서 자기 자신에게 개시되어 있다.[3]

기분은 반성 이전에 현존재의 존재상황을 여실히 드러낸다. 직관에서 무엇을 근원적으로 인식한다고 해도 더 근원적으로는 그 직관이 기분에 의존해 있다는 것을 간과해서는 안 된다.

정상성은 개시성이다. 무엇을 개시하는가? 정상성은 현존재를 바로 그 현존재로서 개시한다. 즉 기분은 현존재가 실존한다는 사실, 존재해야 한다는 사실을 드러낸다. 현존재는 자기가 어디서 와서 어디로 가는지 모르나 '자기가 이 세상에 던져져 있다'는 사실은 정상성을 통해 드러난다. 현존재는 세계-내-존재로서 던져져 있다. 현존재가 이렇게 던져져 있다는 사실은 피투성(被投性, Geworfenheit)이라 하고, 현존재가 '있고, 있어야 한다'는 사실은 현사실(Faktum)이라고 한다. 현존재의 피투성은 현사실성(Faktizität)이기도 하다. 현존재는 피투적 현사실성이다. 정상성은 현존재의 피투적 현사실성을 개시하는 장, 즉 현(Da)이다.

정상성의 제일의 존재론적 본질성격으로서 우리가 획득하는 것은, 정상성은 현존재를 그의 피투성에서, 그리고 우선 대개는 회피하면서 거스

---

3 199쪽(S. 136).

르는 방식으로 개시한다는 것이다.[4]

　이것은 정상성이 현존재를 세계에 던져져서 있는 존재자로서 개시한다는 말이지만, 또한 그렇게 세계에 던져져 있다는 우울한 기분은 그 반대의 기분, 즉 명랑한 기분으로 회피한다는 말이기도 하다. 현존재의 피투성은 현존재 자신에게는 일종의 부담이다. 그 부담성격으로부터 벗어나기 위해 현존재는 고양된 기분으로 전환하고자 한다. 그러나 설사 고양된 기분으로 존재의 부담에서 벗어난다 하더라도, 이 기분 가능성 역시 현존재의 부담성격(피투성)을 개시한다. 이 말은 정상성은 그런 방식으로 현존재를 전체적으로 개시한다는 말이다. 이것이 정상성이 갖는 첫 번째 성격이다.
　더 나아가서 하이데거는 아래와 같이 말한다.

　정상성의 두 번째 본질적 성격은 다음과 같은 점에서 보여진다. 즉 기분은 그때마다 이미 세계-내-존재를 전체로서 개시하고 있어서 …을 향한 자신의 방향설정을 가장 먼저 가능하게 한다. (…) 정상성은 세계, 공동 현존재 및 실존의 등근원적 개시성의 한 실존론적 근본양식이다.[5]

　정상성은 세계, 공동 현존재 및 실존을 등근원적으로 개시하는 한 실존론적 근본양식이다. 정상성은 또한 현존재가 …에 향하는 것을 가능하게 한다. 이것을 그는 정상성의 두 번째 성격으로서 거론

4　199쪽(S. 135).　5　200쪽(S. 137).

한다.

그는 세 번째 성격으로서 정상성의 세계 개방성(Weltoffenheit)을 들고 있다. 현존재가 용재자를 만나는 데는 선행적으로 세계가 개시되어 있어야 하지만, 용재자와 어떻게 만나는가―좋은 기분으로 만나는가 나쁜 기분으로 만나는가―는 정상성에 의거한다는 것은 충분히 짐작된다. 그뿐 아니라 "예컨대 세계를 위협 가능성을 기반으로 해서 개시하는 것은 정상성이다."[6] 이 세 가지 성격을 요약해서 하이데거는 이렇게 정리한다.

> 정상성은 현존재를 그 피투성에서 개시하고 현존재의 존재와 함께 그때마다 이미 개시되어 있는 세계에 의존해서 개시하지만 그것만은 아니다. 정상성은 그 자체로 실존론적 존재양식인데, 이 존재양식에서는 현존재는 자기를 부단히 〈세계〉에 떠맡기고, 어떤 방식으로든 자기 자신으로부터 회피하는 그런 양식으로 세계로부터 자기에게 접근해오도록 한다.[7]

기분의 이런 개시성에 주목하여 하이데거는 기분, 즉 정감(pathe)을 『수사학』의 주제로 고찰한 아리스토텔레스를 높이 평가한다. 수사학은 세인의 존재양식인 공공성을 전제해서 성립되거니와, 더욱이 세인을 감동시켜야 할 연사(演士)는 그 세인의 기분을 이해해야 한다는 점에서 정감을 수사학의 주제로 삼는 것은 옳다는 것이다.

---

6 201쪽(S. 137).　7 203쪽(S. 139).

그러나 근대 이후 정감의 문제는 심리학의 현상 밑에 함몰되어 표상과 의욕의 수반현상이 되고 말았다.

앞에서 본 바와 같이 정상성은 세계-내-존재를 전체로서 개시하거니와, 하이데거는 그 정상성의 구체적 양상으로서 두려움(Furcht)을 들고 있다. 그는 두려움의 계기로서 '…앞에서의 두려움'(Wovor, 즉 두려움의 대상), '두려워함'(Fürchten, 즉 두려운 마음) 및 '두려움의 이유'(Worum)의 셋을 들고 있다. 그는 또 제6장에서 현존재의 가장 두드러진 개시성으로서 '불안'(Angst)이라는 근본적 정상성을 고찰하고 있다. 그리하여 우리는 두려움에 대한 서술을, 불안을 검토할 때 그것과 연관해서 검토하고자 한다. 즉 정상성에 속하는 두려움과 불안을 한데 모아서 고찰하고자 하는 것이다.

2. 이해로서의 현-존재

제31절에서부터 '현-존재와 말, 언어'(제34절)에 이르기까지 하이데거는 '이해'(Verstehen), 해석, 언어의 문제를 현존재적 관점에서—즉 실존론적으로—고찰한다. '이해'는 『존재와 시간』 전편을 통해 가장 중요한 개념 중의 하나이고, '해석' 또한 방법론으로서의 해석학과 관련해서 중요한 주제이며, 언어의 문제는 특히 후기 사상에서 시(詩)와 예술 및 언어와 관련되는 철학의 큰 과제이기도 하다. 그러나 이 부분은 매우 간결하고 난해하게 서술되어 있어서 조심스럽게 살피지 않으면 그 내용을 포착하기가 쉽지 않다.

이해는 정상성과 등근원적으로 현존재의 '현', 즉 개시성을 구성하는 계기이다. 즉 "정상성과 이해는 실존범주로서 세계-내-존재를 근원적으로 개시하는 두 성격이다."[8] 그리하여 이해는 언제나 기분에 의해 규정된 이해, 즉 기분에 젖은 이해이다. 기분은 언제나 자기의 이해를 가지고 있으며, 그 이해 또한 기분에 젖은 이해이다.

하이데거에 따르면 '이해'는 사유의 한 방식이나 무엇을 아는 데 필요한 절차, 예컨대 '설명'과 관련된 어떤 인식의 절차나 단계가 아니다. 독일어에서 etwas verstehen(어떤 것을 이해한다)은 종종 존재적 언사로 '어떤 일을 맡아서 할 수 있다'(einer Sache verstehen können), '누구에 못지않은 능력이 있다', '누구와 비교해서 손색이 없다'(ihr gewachsen sein), '무엇을 할 수 있다'(etwas können)는 말로 쓰인다. 이것은 verstehen이 können(할 수 있다)의 뜻을 갖고 있음을 시사한다. '연필을 안다'는 것은 연필을 사용할 줄 안다는 말이다. 여기서 중요한 것은 이해가 실존범주라는 것이다. 현존재는 이해로서 가능적으로 존재한다. 이해는 현존재의 실존론적 존재양식, 즉 현존재가 가능 존재임을 의미한다. 이해는 현존재의 존재양식이다.

> 실존범주로서의 이해(verstehen)에서 할 수 있는 것은 '무엇'(Was)이 아니라, 실존하는 것으로서의 존재이다. 이해 속에 실존론적으로 놓여 있는 것은 '존재-가능'(Sein-können)으로서의 현존재의 존재양식이다.[9]

---

[8] 215쪽(S. 148). [9] 209쪽(S. 143).

다시 말하면 이해는 곧 가능성이라는 것이요, 그것도 논리적 가능성이나 실재적 가능성이 아니라 현존재의 실존론적 가능성이다. 현존재는 가능적 존재이다.

양상범주에 속하는 가능성을 우리는 대개 두 차원에서 검토한다. ① 논리적 가능성 : 이것은 무모순성이라는 의미의 가능성이다. 그러나 존재론적으로는 이것은 아무런 내용이 없다. 하이데거는 이것을 '공허한 논리적 가능성'이라고 한다. ② 실재적 가능성 : 이것은 '전재자와 함께 이런 일 저런 일이 〈일어날 수 있는〉 경우의 우연성'을 의미한다. 자동차 사고의 우연한 발생 가능성 등이 그 예이다. "전재성의 양상범주로서의 가능성은 아직 현실적이 아닌 것 내지 결코 필연적이 아닌 것을 의미한다."[10] 그런 경험적 가능성은 존재론적으로는—즉 일반 존재론에서는—현실성 및 필연성보다 그 존재도(Seinsgrad)가 낮다. 그러나 현존재의 존재 가능이라는 양식, 즉 기투에서 보면 현존재는 사실적인 비현존재적 존재자보다 언제나 〈그 이상〉이다. 하지만 현사실적으로는 결코 그 이상이 아니다. 왜냐하면 그는 바로 지금 있는 대로의 그 현존재이기 때문이다. 이것은, 비현존재적 존재자는 그 자체로 가능적일 수 없으나 현존재는 현사실적으로 가능존재이므로 전자보다는 그 이상이지만 그 자신으로는 바로 그 현사실적 현존재로 있다는 말이다. 현존재의 실존범주에서는 가능성이 우세하다. 현존재가 현존재인 소이(所以)는 그가 가능존재라는 데 있다.

---

[10] 209쪽(S. 143).

실존범주로서의 가능성이란 현존재의 실존 가능성이다. 이것은 무엇을 의미하는가? 이해는 첫째, 존재 가능이다. 인간은 누구나 어쨌든 이 세상에 태어나서 지금 여기에 이렇게 살고 있다. 이 세상에 태어난 것을 하이데거는 피투성이라 하고 지금 여기 이렇게 살고 있는 것을 현사실성이라 한다 함은 전술한 바 있다. 그런데 인간은 누구나 일상적으로 가능성을 향해 살아간다. 가능성을 향해 살지 않는 인간은 살아 있다고 말할 수 없다. 내일 장을 보아야겠다고 하는 것도, 장에 가서 무엇을 사와야겠다고 생각하는 것도 가능존재인 인간이 하는 것이다. 현존재가 이렇게 앞을 향해 자기를 기획하는 것을 그는 기투(Entwerfen)라고 하는데, 이것이 존재 가능이다. 이 점에서 '이해'는 내용상 기투라는 말과 같다. 기투란 계획을 세운다는 말이 아니다. 기투는 사람의 존재방식 자체가 전향적(前向的)임을 표현하는 말이다.

현존재는 존재하는 한 현존재로서 그때마다 이미 자기를 기투했고, 기투하면서 존재한다. 현존재는 그가 존재하는 한 언제나 이미 그리고 언제나 여전히 가능성들에 입각해서 자기를 이해[기투]한다.[11]

기투에 의해 개시된 현존재의 존재 성격을 흔한 말로 하면 자유라고나 할까? 그러나 현존재의 실존의 가능성은 '무관심의 자유', 즉 무차별적 자유가 아니라 일정하게 제한된 가능성이다. 현존재는

---

[11] 212쪽(S. 145).

기분에 젖은 이해로서, 즉 피투적 기투(geworfene Entwerfen)로서 현사실적이므로, 그 가능성은 '피투적 가능성'(geworfene Möglichkeit)이다. 현존재는 철두철미 피투적 가능성이다.

현존재는 본질상 정상적인 자로서는 그때마다 이미 일정한 가능성 속에 빠져 있으며, 현존재로 있는 존재 가능으로서는 그 일정한 가능성을 그냥 지나쳐버리게 함으로써 자기 존재의 가능성들을 부단히 방기하기도 하고, 포착하기도 하고, 잘못 포착하기도 한다. 그러나 이것은 현존재가 자기 자신에 맡겨진 가능존재이며, 철두철미 피투적 가능성임을 의미한다. 현존재는 가장 독자적 가능성을 향한 자유존재로서의 가능성이다.[12]

요컨대 현존재의 존재는 피투적 기투이기 때문에 그의 선택도 논리적으로나 현실적·경험적으로 자기를 선택하는 것(무관심의 자유)이 아니라 실존적인 것이다.

둘째, 이해는 개시성이다. 앞에서 본 바와 같이, 정상성은 현존재의 피투성과 현사실성을 개시한다. 이에 반해 이해는 현존재가 기투임을 개시한다. 이해는 우리가 기투라고 부르는 실존론적 구조를 가지고 있다.

기투는 언제나 세계-내-존재의 완전한 개시성에 관계한다; 이해

---

[12] 210쪽(S. 144).

는 존재 가능 자체이므로, 이해 속에서 본질적으로 개시될 수 있는 것의 범위에 의해 미리 밑그림 그려진 여러 가능성을 갖고 있다. 이해는 일차적으로 자기를 세계의 개시성 속에 놓을 수 있다. 다시 말하면, 현존재는 우선 대개 자기의 세계에 입각해서 자신을 이해〔기투〕할 수 있다. 또는 반대로, 이해는 일차적으로 자기를 궁극목적 속에 던진다. 즉 현존재 자신으로서 실존한다.[13]

앞에서 언급한 바와 같이, 정상성은 현존재를 그 피투성과 현사실성에서 개시한다. 그런데 이해는 현존재를 그 기투에서 개시한다. 현존재의 '현'(Da)이란 다름 아닌 개시성을 가리키고, 개시성은 현존재의 존재이해에서 가능하다 함은 누설(累說)한 바 있다. 현존재는 세계-내-존재로서 자기 자신을 궁극목적으로 해서 용재자의 적소 여부를 찾고, 용재자를 유의의하도록 하면서 살고 있다. 적소성과 유의의성은 세계의 개시성에 의거해서 현존재에 의해 개시된다. 내-존재란 이런 현존재의 존재를 나타내는 실존론적 표현에 다름 아니다. 그리하여 현존재의 '현'과 세계의 '현'은 '현'에서 일치한다. '현'은 이 양자가 함께 드러나는 개시성이다. 이해는 개시성의 근원이다.

이해는 개시로서 언제나 세계-내-존재의 근본 틀 전체를, 특히 그 가능성에 있어서 개시하므로 세계 내부적 존재자도 그 가능성에 있어서 개시한다. 즉 용재자를 그 유용 가능성, 사용 가능성, 유해 가능성 등에서 발견한다. 이해는 기투적 실존 가능성에서의 현존재

---

[13] 212~213쪽(S. 146).

의 개시성이다.

셋째, 이해의 개시성에는 불가피하게 현존재의 '봄'(視, Sicht)이 따르지 않을 수 없다. "이해는 그 기투 성격에 있어서 우리가 현존재의 '봄'이라고 부르는 것을 실존론적으로 구성한다."[14] 용재자에 대한 배려의 둘러봄(配視, Umsicht), 타자에 대한 고려의 돌봄(Rücksicht)과 마찬가지로 현존재가 궁극목적으로 삼고 있는 자기 자신에 대한 봄을 하이데거는 꿰뚫어봄(透視性, Durchsichtigkeit)이라 한다. 꿰뚫어봄은 현존재의 자기 자신에 대한 인식에 다름 아니다. '꿰뚫어봄'이라는 "이 술어를 선택한 것은 잘 이해된 〈자기 인식〉을 표시하기 위해서이다."[15]

다시 말하면, 그것은 자기 인식에서 중요한 것은 자기라는 한 점을 지각하면서 탐지하고 검사하는 것이 아니라, 세계-내-존재의 완전한 개시성을 그 본질적〔세〕틀 계기를 통해(durch) 일관해서(hindurch) 이해하면서 파악하는 것임을 시사하기 위해서이다. 실존하는 존재자가 자기를 보는 것은, 현존재가 자기의 실존의 구성계기인 '세계-내-존재에 몰입해 있음'에서나 '타자와의 공동존재'에서 이것들과 등근원적으로 자기를 꿰뚫어보게 될 때만이다.[16]

그러므로 꿰뚫어봄은 용재자와 타자를 포함해서 자기 자신까지도 일관해서 보는 것, 다시 말하면 세계 및 그 속에 있는 모든 존재

---

[14] 213쪽(S. 146).　[15] 같은 곳.　[16] 같은 곳.

자를 개시하는 것을 의미한다. 이것이 개시성으로서의 이해의 궁극적인 모습이다. 이와 같이 '봄'이 개시성으로서의 '이해'에 근거한다는 것을 알면 종래 인식의 최고단계로서 직관이니 본질직관이니 하는 것도 사실은 실존론적 이해의 파생태에 지나지 않는다는 것을 알게 된다.

3. 이해와 해석

일반적으로는 '해석'을 통해서 이해가 심화되는 것으로 간주되고 있다. 예컨대 학습과정에서는 어떤 사태에 대한 자세한 해석(설명)이 먼저 있고, 그것을 기초로 해서 이해가 성립하고 심화되는 것으로 알려져 있다. 그러나 하이데거의 경우는 이와 다르다. 그는 해석을 이해의 완성(마무리)이라고 한다.

> 이해의 완성을 우리는 해석이라고 부른다. 해석에 있어서 이해는 자기가 이해한 것을 이해하면서 자기 것으로 한다. 해석에 있어서 이해는 다른 것으로 되는 게 아니라 자기 자신으로 된다. 해석의 근거는 실존론적으로는 이해에 있으니, 해석을 통해 이해가 성립하는 것이 아니다. 해석은 이해된 것의 인지가 아니고, 이해에서 기투된 가능성들을 완수하는 것이다.[17]

---

17 216쪽(S. 148).

1) 해석

해석(Auslegung)은 펼쳐놓는 것을 가리킨다. "분명하게 이해된 것은 어떤 것을 어떤 것으로서(*etwas als etwas*)라는 구조를 가지고 있다."[18] 가령 내가 용재자의 적소성이라는 세계에서 어떤 도구를 망치로서 이해한다고 하자. 그 이해를 '망치는 못박는 데 필요한 도구로서' (als) 해석한다면, 이 해석은 이해의 기투를 마무리(완성)하는 것이다. 해석은 달리 말하면 이해에 의해 기투된 것을 '…으로서'(als etwas)로 마무리하는 것, '…으로서'로 분명하게 하는 것이다. 해석은 도구의 '으로서' 구조를 그 유용성에 입각하여 명확하게 하는 것이다. 그것은 용재자를 '위하여'(um-zu) 구조 전체 속에서 그 용도를 규정하는 것, 현존재를 궁극목적으로 하는 세계 속에서 용재자의 유의의성을 '…으로서'로 명시하는 것, 나아가서 그 용재자를 용재성에서 내 것으로 하는 것에 다름 아니다.

외견상으로는 학습과정에서 해석을 통해 이해가 심화된다고 하는 것과 해석은 이해의 마무리라고 하는 것은 크게 다를 바 없는 것처럼 보인다. 표현상으로는 해석은 이해의 심화요 완성(마무리)이기 때문이다. 그러나 양자 사이에는 근본적 차이가 있다. 해석이 이해의 심화라는 입장은 다분히 사물을 전재자로서 보고 그것에 대한 인지적 차원에서 하는 것이고, 해석을 이해의 마무리라고 말하는 것은 사물을 일차적으로 도구로서 포착하는 실존적 차원에서 하는 말이다. 중요한 차이는 전자가 언어 차원의 것인 데 반해 후자는 실존 차

---

[18] 216쪽(S. 148).

원의 것이라는 데 있다. 전자의 인지적 차원의 해석은 실존론적 차원의 해석에 근거한다. 다시 말하면 전자는 후자에서 파생된다.

해석이 이해를 '…으로서' 완성하는 것이라고 한다면, 이해는 해석을 통해 명료해질 수 있는 것으로서 해석에 앞서 있다. 즉 이해는 해석을 통해 완성될 수 있기 위해 해석에 선행하는 (막연한) 이해이어야 한다. 바꿔 말하면 '…으로서'로 해석될 어떤 것은 명제로 언표되기 이전에 '해석학적 상황'(hermeneutische Situation) 속에 놓여 있다는 것이다.

〔뚜렷하지 않다는〕 이해의 양상에 있어서 적소 전체성은 일상적 배시적 해석의 본질적 기초이다. 이런 해석은 언제나 예지(豫持)에 근거한다. 예지는 이미 이해된 적소 전체성을 이해하고 있으면서, 이해내용을 내 것으로 하는 것으로서 활동하고 있다. 이해되어 있으나 아직 가리워져 있는 것을 내 것으로 한다 함은 곧 가리움을 벗기는 것이며, 이것은 언제나 한 관점의 주도 하에 수행된다. 관점은 이해된 것이 거기에 의거해서 해석되어야 하는 그것〔착안점〕을 고정시킨 것이다. 즉 해석은 그때그때 예시(豫視)에 근거하고, 예시는 예지에서 받아들여진 것을 특정한 해석 가능성을 겨냥해서 〈눈여겨 둔다〉. 이해된 것은 예지 속에 보존되고 〈예시적으로〉 조준되어서 해석을 통해 개념화된다. 해석은 해석되어야 할 존재자에 속하는 개념성을 이 존재자 자신으로부터 이끌어낼 수도 있고, 또는 그 존재양식으로 보아 대립되는 개념 속으로 존재자를 억지로 끌어넣을 수도 있다. 어느 쪽이 됐든—해석은 그때마다 이미 최종적이든 유보적이든 어떤 일정한 개념성에

대해 결정한 것이다; 해석은 예파(豫把)에 근거한다.[19]

해석은 예지(豫持, Vorhabe), 예시(豫視, Vorsicht), 예파(豫把, Vorgriff)에 기초를 두고 있다는 것이다. 이것들은 종래의 사고에서는 미리 짐작하는 예단(豫斷) 또는 선입견이라 하여 경계해야 할 것으로 배척받았던 것이다. 그러나 하이데거에 따르면 해석은 실지로 이런 예-구조에 의존해서 이루어진다. 예-구조는 해석의 단초에 불가피하게 놓여 있는 것이다. 우리가 어떤 용재자를 해석할 때 우리는 그 용재자가 소용되는 적소 전체성을 미리―막연하게나마―이해해 가지고 있으며(예지), 다음에 해석할 관점을 정하고(예시), 그것을 개념적으로 미리 파악(예파)한다. 가령 화재가 났다고 하자. 해석자는 그 화재사건을 자기와 관계 있는 것으로 가져야 비로소 해석의 가능성을 얻게 된다(예지). 그 화재사건을 자기와 전혀 관계없는 일로 치부하는 사람은 해석의 자격을 가질 수 없다. 그리고 동시에 그 화재사건을 여러 상황 등을 고려하여 …으로서 미리 보고(관점을 정하고), 발화원인과 이 화재사건이 가져올 결과와 파장 등을 고려해서 …으로서 예단(예파)한다. 이것은 물론 문서로 작성되기 이전의 과정이다. 이런 과정을 거치지 않고서는 해석은 불가능하다. 예지, 예시, 예파는 막연한 이해에 다름 아니다. 해석은 그것을 '…으로서' 마무리하는 것이다.

그런데 이해에도 이해의 기반이 있다. 그것을 하이데거는 의미

---

[19] 218~219쪽(S. 150).

(Sinn)라고 한다. 우리는 여기에서 또 하나의 중요한 개념인 '의미'라는 말과 만난다. 일반적으로 '의미'란 가령 '윙크란 무엇인가?'라는 명제 차원의 물음에 대해 '그것은 사랑의 표시이다'라는 명제로 대답한다. 그러면 그 대답이 윙크의 의미이다. 의미란 말하자면 대상언어(object languaga)에 대한 설명으로서의 메타-언어(meta-language)인 것이다. 그것은 언어 차원의 인식의 사항이다. 이 문제에 대해 깊은 관심을 가지고 있는 현대 언어철학에서 명제의 의미는 항진명제(tautolgy)로서 늘 참이거나, 그 명제를 [명제가 가리키는] 사실에 조회해서 그 명제가 '참'(true) 또는 '거짓'(false)으로 밝혀질 때만 그 명제가 의미 있다 하고, 그렇지 못하면 무의미(meaningless)하다고 한다. 그러나 하이데거적 '의미' 개념은 그런 차원의 것이 아니다.

의미란 어떤 것의 이해 가능성이 그 속에 간직되어 있는 그것이다. 이해하면서 개시하는 가운데 분절 가능한 것을 의미라고 부른다. 의미라는 개념은 이해하는 해석이 분절하는 것에 필연적으로 속해 있는 것의 형식적 받침대[예지, 예시, 예파의 세 받침대]를 포괄한다. 의미는 예지, 예시, 예파의 구조를 가진 기투의 기반이며, 이 기반에 의거해서 어떤 것이 어떤 것으로서 이해될 수 있다.[20]

이해하기가 쉽지 않은 문장이다. 윙크의 예를 다시 보자. 한 남자가 여인으로부터 윙크를 받았다고 하자. 그 윙크는 개념이나 명제

---

[20] 220쪽(S. 151).

이전에 실존적 행위로서 '관심 있다', '한번 만나보자'는 '의미'의 표시이다. 윙크 자체가 그 남자에게는 '그녀가 나에게 관심을 가지고 있다'는 '의미'를 개시한다. 이 의미는 개념이나 명제 차원의 것이 아니라, 그 이전에 윙크를 받고 가슴이 두근거리는 실존적 차원의 것이다. 윙크는 사랑이라는 이해 가능성을 간직하고 있는 그것이다. 즉 의미는 사랑의 이해를 분명하게 하는—즉 분절 가능한—것이다. 의미는 현존재의 실존범주로서 실존양식이다. 따라서 의미를 갖는 것은 오직 현존재뿐이다. "그러므로 오직 현존재만이 의미를 갖거나 의미를 상실할 수 있다."[21] 모든 비현존재적 존재자는 무의미한 것이다. 이 의미를 기반으로 해서 예지, 예시 및 예파가 가능한 것이다. 따라서 의미는 이해 가능성의 기반(Woraufhin)이다.

2) 해석학적 순환

현존재 분석론이라는 하이데거의 존재론에서 해석과 관련해서 문제되는 것은 '해석학적 순환'(hermeneutische Zirkel)이다. 해석학은 이미 알려진 것에 주목해서 그것을 더욱 분명하게 하거나 새로운 의미를 찾아내는 것이다. 해석학적 과정은 전체에서 부분으로 나아갔다가, 다시 부분에서 전체로 돌아간다는 점에서 순환적이다. 자기의 존재론에 '순환논증'이 있다고 비난하리라고 예상하면서 하이데거 자신이 보여주는 순환은 이런 것이다: "실존과 존재 일반의 이념을 〈전제하고〉, 〈그런 다음에〉 현존재를 해석해서 거기[현존재 해석]로

---

[21] 220쪽(S. 151).

부터 존재의 이념을 획득한다."[22] 부연해서 말하면 다음과 같다: 존재 일반의 의미는 이미 탐구될 것으로 전제되어 있고, 현존재는 본디부터 존재이해를 가지고 있다. 현존재는 이것을 탐구하기 위해 묻는 자이면서 동시에 물음이 걸리는 자이다. 존재이해를 가지고 있는 현존재가 자기[현존재]의 존재의미를 물어서 거기로부터 존재 일반의 의미를 구명하는 것은 순환이라는 것이다. 다시 말하면 존재이해를 가지고 있는 현존재를 주제적으로 분석해서 존재의 의미를 도출하는 것은 순환적이라는 말이다.

그러나 엄격한 의미의 '순환추론'(Kreischluß, circulus vitiosus)이란, 예컨대 "이 사상은 위험하다. 왜냐하면 정부에서 탄압하니까. 왜 정부는 이 사상을 탄압하는가? 위험한 사상이므로" 하는 식의 추론 논증이다. 이것을 더러는 '선결문제 요구의 오류'—가령 '영혼은 불사적이다. 왜냐하면 영혼은 불가분적이므로'라고 논증하는 것—라고도 한다. 이 예에서 보다시피 순환추론은 단순한 말장난일 뿐 새로운 것을 이끌어내는 추론이 아니다.

하이데거에 따르면 그런 순환추론은 그의 존재론에는 없다. 그뿐 아니라 "실존론적 분석론에 있어서는 〈순환〉증명은 결코 〈회피〉할 수 없다."[23] 회피할 수 없을 뿐 아니라 도리어 반드시 필요한 것이기도 하다. 앞에서 인용한 명제에 〈전제한다〉(Vor-aussetzung, 앞에 내놓는다)는 말이 있거니와, 이 말은 이해적 기투의 성격으로 해석되어야 한다. 다시 말하면 기초 존재론으로서의 현존재 분석론에서는 존

---

22 446쪽(S. 315).   23 446쪽(S. 315).

재를 이해하기 위해 존재이해를 가지고 있는 현존재를 먼저 '앞에 내놓고' 그 현존재를 분석해서 존재의 이념을 구명하는 길밖에 없다.

4. 해석의 파생적 양상으로서의 진술

우리는 앞에서 실존론적 의미를 소개하고, 그것은 명제 차원의 의미의 근원이니, 후자는 전자의 파생태라고 말한 바 있다. 그리고 의미의 해석은 어떤 것을 그 '으로서 구조'(Als-Strucktur)에서 밝히는 것이라고 했다. 하이데거에 따르면 '으로서 구조'에는 두 가지가 있다. 하나는 해석학적 '으로서'이고, 다른 하나는 명제적 '으로서'이다. 전자는 용재자의 세계에서 그 용재자를 현존재를 궁극목적으로 하는 실존론적 해석에서의 '으로서'이고, 후자는 이론적 차원에서 존재자를 전재자로서 보는 태도(인식적 대상화)의 '으로서'이다. 이것을 그는 명제적 '으로서'라고 한다. 명제 차원에서 중요한 역할을 하는 것은 진술(판단)이다. 하이데거는 이 진술도 단순히 언어 차원에 그치지 않고 존재자 자체의 제시라고 한다. 그는 진술에 세 가지 의의가 있음을 지적한다.

① 진술은 제시를 의미한다. 가령 '이 망치는 너무 무겁다'고 진술할 때 제시되는 것은 망치에 대한 표상이 아니라 '용재적이라는 방식으로 있는 존재자', 즉 망치 자체이다.

② 진술은 술어화(述語化)와 같다. 술어화는 주어에 대한 진술이

다. 주어는 술어를 통해 규정된다. '망치가 너무 무겁다'고 할 때 진술되는 것은 망치라는 개념(주어)이 아니라 너무 무거운 '망치 자체'이다. "모든 술어화는 제시로서만 술어화인 것이다."[24] 다만 위의 제시보다 그 범위가 좁혀져서 명제적으로 표현되었을 뿐이다.

③ 진술은 전달(Mitteilung)이다. 진술은 제시되고 규정된 것을 남들도 함께 보게 하는 것이다. '함께 보게 한다'는 것은 규정되고 제시되는 존재자를 타자와 함께 나눔〔전달, Mit-teilung〕이다. 전달되는 것도 표상이 아니라 존재자 자체이다.

진술의 이 세 가지 의의를 통일적으로 표현하면 "진술은 전달하면서 규정하는 제시이다."[25] 여기에서 중요한 것은 이런 진술이 명제적 진술의 근거인 실존론적 이해에 근거하고 있다는 것, 거기에서 파생된 것이라는 데 있다. 그 예를 '이 망치는 너무 무겁다'는 명제에서 보기로 한다. 배려적 배시에서 보면 이 명제는 "이 망치는 너무 무거우니 다른 것을 달라"는 말이 된다. 그러나 의미론적으로는 '이 망치라는 사물은 무게라는 성질을 가지고 있다'는 뜻이다. 이렇게 해석이 변양되는 과정을 하이데거는 다음과 같이 적고 있다.

예시 속에 보유되어 있는 존재자, 예컨대 망치는 우선 도구로서 용재적으로 있다. 이 존재자가 진술의 〈대상〉이 되면 진술의 개시(開始)와 동시에 처음부터 예지 안에서 일종의 전환이 일어난다. 즉 〔우리가〕 종사하고 실행할 때의 용재적 도구는 제시적 진술의 〈대상〉이 된

---

[24] 224쪽(S. 155). [25] 227쪽(S. 156).

다. 예시는 이제 용재자에 있어서 전재자 쪽을 겨냥하는 것이다. 이런 관조로 인해 그리고 관조에게는 용재자는 용재자로서는 은폐된다. 이와 같이 용재성을 은폐하면서 전재성을 발견하는 내부에서는 〔우리가〕 만나는 전재자는 '이러이러하게 전재적으로 있다'고 규정된다. 이제 비로소 성질 따위에 이르는 통로가 열린다. 진술이 전재자를 그것〔예컨대 성질 등〕으로서 규정하는 그것은 전재자 자체로부터 나온다. 해석의 '으로서-구조'는 하나의 변양을 겪은 것이다.[26]

이렇게 명제적 진술은 존재자를 전재자로 보는 태도에서 나온 것이다. 그것은 그 근원인 배시적 해석의 '으로서'를 전재성을 규정하는 '으로서'로 수평화한다. 그리고 그렇게 함으로써 명제적 진술은 순수한 관조적 제시의 가능성을 획득하는 것이다.

5. 현존재와 말

진술과 관련해서 중요한 것은 말(Rede)이다. 언어의 문제는 현대 언어철학 못지않게 하이데거의 존재론에서도 중요한 과제이다. 나는 Rede를 〔일상성을 고려하여〕 '말'이라고 옮기고 Sprache를 '언어'라고 번역한다. 하이데거에 따르면 "말은 정상성 및 이해와 함께 실존론적으로 등근원적이다."[27] 하이데거는 이처럼 개시성에 등근원적으로

---

[26] 228쪽(S. 157f.). [27] 232쪽(S. 161).

정상성, 이해 및 말의 세 가지가 있음을 언급하기도 하고, 제5장의 B와 제II편에서처럼 말 대신에 퇴락을 거론하기도 한다. 더러는 이 네 가지를 다 언급하기도 한다. 그러나 말은 정상성 및 이해와 나란히 있는 제삼의 개시성이라기보다는 그것들의 근저에 있으면서 그것들을 분절하고 그것들의 내용을 언표하는 것이 아닌가 한다. 왜냐하면 말은 '언어(Sprache)의 실존론적-존재론적 기초' 또는 '이해의 가능성의 분절화'이며, "이해와 해석의 근저에 놓여 있으면서"[28] "세계-내-존재의 정상적 이해 가능성은 말로서 자기를 언표하기"[29] 때문이다.

말에는 '화젯거리'(Worüber der Rede)가 있고, '말 걸어지는 것' (Beredetes, 내용)이 있다. 말은 '말 걸어지는 것'을 전달한다. 전달은 앞에서 본 바와 같이 상호존재 사이에서 함께 나눔이다. 전달 속에서 현존재는 자기를 언표(표명)한다. 이 언표를 사람들은 듣는다. 그러나 말에는 언표 못지않게 '침묵'(Schweigen)이라는 계기도 있다. 침묵은 때로는 큰소리치는 말보다 훨씬 더 강력한 힘을 가질 수 있다. 특히 제II편 제2장에서는 소리 없는 말〔침묵〕인 양심이 매우 중요한 역할을 하고 있다.

---

[28] 232쪽(S. 161). [29] 같은 곳.

B. '현'의 일상적 존재와 현존재의 퇴락

6. 빈말

세계-내-존재의 개시성의 실존론적 구조에서 본 바와 같이, 정상성(기분)은 현존재의 피투적 현사실성을 개시하고, 이해는 현존재의 기투를 개시한다. 이제 하이데거는 현존재의 퇴락 현상을 통해 일상적 현존재, 즉 세인의 존재양식을 개시한다. 퇴락은 현존재가 우선 대개 세인 속에 몰입해 있는 비본래적 존재양식일 뿐 결코 가치론적 개념이 아니다. 그리고 저 앞에서 본 바와 같이, 세인은 평균적 일상성 속의 현존재의 존재양식이다. 그 퇴락의 개시성을 하이데거는 '말', '봄', '해석'의 일상적 존재양식—즉 빈말, 호기심, 애매성—에서 성찰하고, 마지막으로 '퇴락과 피투성'으로 이 장을 막음한다.

빈말(空談, das Gerede)은 "일상적 현존재의 이해와 해석을 구성하는 하나의 적극적 현상"[30]을 가리키므로 폄하하는 뜻으로 사용되어서는 안 된다. 빈말은 세인의 말이다. 말은 언표이고 언표된 말 속에는 이미 이해된 것과 해석된 것이 들어 있다. 빈말 속에는 일상적 현존재와 타자에 의해 해석된 것이 들어 있다. 빈말은 일상성 속에서 공공적으로 해석된 것(피해석성)을 전달한다. "전달의 존재경향은 듣는 자로 하여금 화젯거리가 되는 것[존재자]을 향해 개시된 존재

---

[30] 241쪽(S. 167).

에 참여할 것을 겨냥하는 것"³¹임에도 불구하고, 빈말의 전달에 있어서는 언어가 제시하는 존재자 자체는 증발되고, 그냥 빈말만 이 입에서 저 귀로 옮겨진다. 빈말은 존재자에 대한 일차적 존재관계를 상실한, 속이 빈 말이다. 그리하여 빈말은 뜬소문이 된다. 이야기되고 있는 것을 함께 나누어[mit-teilellen, 전달] 가짐으로써 빈말은 모방해서 말하는 방식으로 확대되어 그 나름의 권위를 갖게 된다. '사람들이 그렇게 말하기 때문에 일이 그렇다'고 말한다. 빈말은 공공연한 여론으로 둔갑한다. 동시에 빈말은 사람들로 하여금 어떤 일에 대해서도 책임을 지지 않게 해준다. '남들이 다 그렇게 말하기 때문에 그렇다'고 하면 대개는 면책(免責)된다.

말은 본디 정상성 및 이해와 함께 현존재의 본질적 존재 틀에 속하여 현존재의 개시성을 구성하지만 그러나 빈말은 개시하기는커녕 은폐하는 기능을 한다. 빈말은 "근거 없이 이야기되고 광범하게 이야기가 퍼져 있다는 것으로도 개시작용을 폐쇄작용으로 반전시키기에 족하다."³² 빈말은 존재자를 은폐한 채 해석한다. 이렇게 해석된 존재자에 대한 현존재의 존재이해는 근거 없는[뿌리 뽑힌] 것이 되고 만다. 현존재가 빈말 속에서 뿌리 뽑혔다 함은 "존재론적으로는 빈말 속에 자기를 지탱하고 있는 현존재가 세계-내-존재로서 세계, 공동 현존재 및 내-존재 자체에 대해 일차적·근원적이고 진정한 존재관계로부터 단절되어 있음을 의미한다."³³

이것은 빈말이 평균적 일상성 속의 현존재(세인)가 세계에 몰입

---

31 242쪽(S. 168).   32 244쪽(S. 169).   33 245쪽(S. 170).

해서 살고 있는 모습을 개시한 것이다.

7. 호기심

용재자에 대한 배려를 이끄는 '봄'(Sicht)을 배시(Umsicht, 둘러봄)라 하고, 타자에 대한 고려를 이끄는 '봄'을 돌봄(Rücksicht)이라고 하며, 현존재가 궁극목적으로 삼고 있는 자기 자신에 대한 봄을 꿰뚫어봄(透視性, Durchsichtigkeit)이라 한다 함은 앞에서 말한 바 있다. 일상적 세계에 몰입해서 사는 세인의 봄의 존재경향을 하이데거는 '호기심'(die Neugier)이라 한다. 배시는 본질적으로 거리 제거이고 방향 없이지만, 용재자에 대한 배려적 배시를 떠난 배시, 즉 자유로워진 퇴락의 배시는 멀고 낯선 세계를 지향하여 새로운 것을 찾아 헤매게 된다.

이제 현존재(세인)는 단지 외견상으로만 가까이하기 위해 먼 것을 찾는다. 현존재는 다만 세계의 외견(外見)에만 이끌리게 된다. 이것은 현존재가 세계-내-존재로서의 자기 자신으로부터 벗어나려는, 다시 말하면 가장 가까운 일상적 용재자에 몰입하는 존재로부터 벗어나려고 배려하는 하나의 존재양식이다.[34]

---

[34] 248쪽(S. 172).

호기심은 보기만을 구하여 머무르지 않고 끝없이 헤맨다. 호기심은 늘 새로운 것을 찾는다. 자기가 본 것을 화젯거리로 삼기 위해 끊임없이 새로운 것을 찾아 헤매는 것이다. 오늘날 열병처럼 번져가는 관광이나 유행 등이 그 좋은 예일 것이다. TV에서는 대중문화라는 이름 아래 이런 호기심을 부추기고 있다. 빈말과 호기심은 서로 상승작용을 하면서 대중 속에서 회오리치고 있다. 현대인은 대부분 자기를 상실하고 있다. "세계-내-존재의 이런 양상은 일상적 현존재가 부단히 뿌리 뽑혀 있다는 새로운 존재양식을 드러낸다."[35]

8. 애매성

위의 현상은 현존재를 애매성 속에 몰아넣는다. 하이데거는 평균적 일상성 속의 현존재, 즉 세인의 세 번째 존재양식으로서 애매성(Zweideutigkeit)을 들고 있다. 애매성은 무엇이 진정한 이해 속에서 개시되어 있는 것이고 무엇이 그렇지 못한 것인지 분명하게 결정되어 있지 않은 것을 가리킨다. 다시 말하면 애매성은 "만사가 진정으로 이해되고, 파악되고, 언표된 것처럼 보이지만 실상은 그렇지 않고, 또 그렇지 않은 것처럼 보이지만 실상은 그런 것"[36]을 가리킨다. 누구에게나 통용되고 누구든지 그것에 관해 좌우간 말할 수 있는 그런 것을 일상적 상호존재 안에서 만나게 되면 모든 것은 애매해질

---

35 249쪽(S. 173).　**36** 같은 곳.

수밖에 없다. 이런 애매성은 상호존재의 공공적 개시성에서 목청 높은 빈말과 영리한 호기심이 들끓는 곳, 언제나 만사가 일어나지만 근본적으로는 아무 일도 일어나지 않는 곳, 즉 늘 새로운 나날이지만 어제와 다름없는 오늘인 그 일상적 오늘, 거기에서의 세인의 존재양식이다. 오늘날 범람하는 흥미본위의 주간지나 오락물은 빈말로 호기심을 유발하고 그렇게 해서 모든 것을 애매하게 하는 경향이 있다. 대중예술의 스타라는 인기 연예인들은 그런 퇴락 속을 헤엄치면서 사는 사람들이다.

9. 퇴락과 피투성

빈말, 호기심 및 애매성은 세인의 존재양식이거니와 이것이 퇴락을 구성한다. 퇴락이란 평균적 일상성 속의 현존재를 세인으로서 개시하는 방식이요, 따라서 현존재 자신의 한 실존론적 규정이다. 그것은 현존재의 비본래성을 의미한다. 비본래성이란 〈세계〉와 세인인 공동 현존재 속에 함몰되어 있는 세계-내-존재의 존재양식을 가리킨다.

빈말은 현존재에게 그의 세계에 대해, 타자에 대해, 그리고 자기 자신에 대해 이해하는 존재임을 개시하지만 이 '…에 대한 존재'는 지반 없이 떠돌아다니는 양상을 가지고 있다. 호기심은 온갖 것을 다 개시하지만 그렇게 해서 내-존재를 '도처에 있으면서 아무 데도 없는 것'

이라고 개시한다. 애매성은 현존재의 이해에 아무것도 숨기는 바 없으나, 그것은 세계-내-존재를 뿌리 뽑힌 '도처에 있으면서 그러나 어디에도 없다' 속으로 밀어 넣기 위해서일 뿐이다.[37]

빈말, 호기심, 애매성은 평균적 일상성 속에 있는 세인의 존재양식이다. 그것은 세인 자신이 세계로부터 해석되고 있다는 데서 성립하는 비본래적 모습, 즉 퇴락의 양상이다. 이 현상들은 세인을 더욱 유혹하고, 세속적인 일에 의해 위안을 받도록 하며, 자기 자신으로부터도 소외되고 자승자박이 되게 한다.

위에서 말한 유혹, 위안, 소외 및 자승자박의 현상들은 퇴락의 특수한 존재양식의 성격이다. 우리는 현존재 자신의 존재 속에서의 현존재의 이런 〈움직임〉을 전락(轉落, Absturz)이라 부른다. 현존재는 자기 자신으로부터 자기 자신 속으로, 즉 비본래적 일상성의 무지반성과 공허함 속으로 전락한다.[38]

퇴락은 그러나 현존재의 본질적 존재론적 구조를 구성한다. 퇴락과 그 비본래성이 초래하는 소용돌이는 현존재의 피투적 성격을 드러낸다. 퇴락은 현대 사회 속에서 개성 없고 만사에 대해 책임지지 않고 자기 상실적인 세인(즉 대중)의 삶의 모습에 다름 아니다. "세인은 편안한 자신감과 자명한 〈느긋함〉을 현존재의 평균적 일상성

---

[37] 254쪽(S. 177).   [38] 256쪽(S. 178).

속에 끌어들인다."³⁹ 퇴락은 도덕적 타락이라고 지탄되는 삶의 모습이 아니라 공공적 해석의 세계에 몰입해서 사는 삶의 참 모습이다. 그 공공적 해석이란 많은 재산과 높은 지위와 인기 등 세속적 명리가 인간을 평가하는 그런 해석을 말한다. 세인은 그런 해석에 자기를 맡기고 하루하루를 살아가고 있다. 그래서 현대인을 고향상실자라고 하는 것이다.

그것은 현존재의 비본래성이다. 비본래성 역시 본래성보다 가치가 낮다는 뜻이 아니다. 양자는 다같이 현존재의 존재양상일 뿐이다. 퇴락은 그런 세인의 존재양식을 빈말, 호기심, 애매성 등으로 개시한다. 퇴락은 현존재가 평균적 일상성 속에 던져져 있음(피투성)을 개시한다. 그러나 현존재가 '피투적으로 기투하고 퇴락하면서 개시된다'고 할 때, 피투성·기투·현사실성이 현존재의 전체구조라 하고 거기에 상응해서 정상성과 이해와 퇴락을 각각 배정하는 것은 아니다. 하이데거의 언표에 따르면 정상성은 현존재의 현사실성과 피투성을 개시하고, 이해는 그 기투를 개시한다. 그리고 퇴락은 평균적 일상성 속의 현존재인 세인의 존재양식이지만 또한 현존재의 피투적 성격과 은폐 경향을 드러내기도 한다.

---

39 272쪽(S. 188f.).

10. 퇴락과 세인의 관계

여기서 유의해야 할 것은 세인과 퇴락과의 관계이다. 세인은 평균적 일상성 속에 있는 현존재와 공동 현존재를 가리키는 말이고, 퇴락은 정상성, 이해와 더불어 개시성의 하나인데, 빈말·호기심·애매성의 현상에서 보듯이 현존재를 세계의 해석에 맡겨서 오늘도 어제처럼 그렇게 살아가는 존재양식으로 개시한다. 그러나 퇴락에서 개시되는 현존재는 대개 세인일 수 있으므로 비본래적이다. 세인과 퇴락현상은 비본래적이라는 점에서 일치한다.

하이데거가 말하는 비본래성이란 첫째, 현존재가 본래적 자기를 회복하여 기투하지 않고 세계의 해석―나에 대한 남들의 해석―에 따라 자기를 선택하는 것이다. 다시 말하면 남들과 같은 존재양식을 취하는 것은 일단 비본래적이다. 아무리 높은 도의 경지에 이르렀다 하더라도 사람은 세인임을 면할 길이 없다. 왜냐하면 그런 도인도 세계 속에서 태어나 남들과 함께 일상적으로 살다가 거기서 죽기 때문이다. 스스로 부처가 될 수 있다고 하는 대승불교의 교리에 따르면 깨닫기 위해서는 집착을 철저하게 버려야 한다(無住). 그러면서도 세상으로 돌아오지 않을 수 없음(住)을 시인한다(無住而住). 반면에 세상에 있으면서도 사물에 집착하지 않으면 깨달음에 이를 수 있다(住而無住)고 한다. 둘째, 비본래성은 존재자를 전재자로 관찰하는 경우를 가리킨다. 하이데거는 특히 『존재와 시간』 제II편에서 이 점을 강조한다. 그렇다고 용재적으로 대하면 본래적으로 되는가 하면 그런 것은 아니다. 용재자에 대한 배시적 배려야말로 비본래적 태도이기 때문이다. 요컨대 존재자—존재하는 것—에 얽매인 현존재의 존재양식은 모두 비본래적이다. 이 비본래성 때문에 세인과 퇴락 현상은 동일시된다.

퇴락은 이해와 정상성이 현존재의 개시성인 데 반해—개시성이라는 말을 쓰면서도—은폐의 기능을 한다. 퇴락의 한 존재방식인 빈말은 말이 개시하는 것을 은폐하고, 호기심은 봄을 은폐하며, 애매성은 진정으로 이해된 것을 은폐한다. 세인은 공동 현존재와 우리들의 존재양식을 가리키는 것이다.

퇴락 현상은 대개 세인에게서 나타난다. 무엇이 퇴락과 세인을 연결시키는가? 세인이 가지고 있는 일반적 성격, 즉 차이성, 평균성, 공공성, 평준화, 예속, 영합, 존재면책 등은 퇴락과 어울릴 가능성이 매우 높다. 이 점 때문에도 세인과 퇴락 현상은 서로 견인작용을 할 수 있다. 그렇기 때문에 퇴락 현상은 대개 세인을 지칭하게 되고, 세인이라고 하면 벌써 퇴락을 연상하게 되는 것이다.

제6장 현존재의 존재로서의 마음씀

제6장의 과제 : 현존재의 존재

세계-내-존재란 현존재의 근원적·전체적 구조를 가리킨다. 제2장에서 제5장에 이르기까지의 현존재 분석은 '현'(Da)의 개시성과 관련된 것이다. 이렇게 현존재의 존재를 분석하는 동안 이 전체성의 내용이 다양해져서 그 통일적 현상을 왜곡하기 쉽게 되었다. 이제 분석된 내용을 두루 수용하면서 그 전체성을 실존론적-존재론적으로 복원해야 한다. 그러기 위해서는 먼저 지금까지 분석해온 현존재 개념—즉 피투성, 기투 및 퇴락—을 정리할 필요가 있다.

현존재는 자기에게 본질적으로 속하는 정상성에 근거해서 하나의 존재양식을 가지고 있다. 그 존재양식이란, 현존재가 자기 자신에 직면하고 자신의 피투성에 있어서 자기에게 개시되어 있다는 것이다. 피투성이란 그러나 그때마다 자기의 제 가능성 자체로 있는 존재자, 더욱이 그 제 가능성에서 그리고 제 가능성으로부터 자기를 이해하는 (즉 제 가능성을 향해 자기를 기투하는) 그런 존재자의 존재양식이다. 세계-내-존재에는 '용재자에 몰입해 있음'과 '타자와 함께 있음'이 다 같이 근원적으로 속하거니와, 그 세계-내-존재는 그때마다 자기 자신을 궁극목적으로 하고 있다. 그러나 이 자기 자신은 우선 대개 비본래적으로 세인-자기이다. 세계-내-존재는 언제나 이미 퇴락해 있다.[1]

위의 인용문에서 표명된 현존재의 일상성의 구조 전체를 하이데거는 이렇게 한마디로 요약해서 말한다: "현존재의 평균적 일상성은 〈세계〉에 몰입하는 자기 존재에서 또 타자와의 공동존재에서, 〔자신의〕가장 독자적 존재 가능 자체를 문제삼는, 퇴락하면서-개시되고 피투적으로-기투하는 세계-내-존재'(*das verfallend-erschloßene, geworfen-entwerfende In-der-Welt-sein, dem es in seinem Sein bei der 〈Welt〉 und im Mitsein mit Anderem um das eigenste Seinkönnen selbst geht*)라고 규정될 수 있다."[2] 그러나 이 규정에는 현존재의 실존론적 변양 가능성인 본래성과 비본래성이 고려되지 않고 있다. 이 변양 가능성까지 포함하여 현존재의 존재를 통일적으로 파악할 수 있는 현상은 무엇인가? '현존재의 구조 전체의 근원적 전체성'이란 다름 아닌 이 통일적 현상을 가리킨다. "이 통일적 현상은 전체 속에 이미 놓여 있으면서 각각의 구조 계기를 그 구조적 가능성에 있어서 존재론적으로 뒷받침"[3]하는 것이라 한다. 그런데 "구조 전체를 그 자체로서 존재론적으로 거머쥐고 있는 현존재의 존재는, 이 전체를 통해 근원적으로 통일적인 하나의 현상을 완전히 꿰뚫어볼 때 우리에게 알려질 수 있다."[4] 쉽게 말하면 이 제6장의 과제는 이 현존재의 존재라는 하나의 통일적 현상을 찾는 것이다. 그 통일적 현상이 현존재의 구조 전체를 거머쥐고 있기

---

[1] 262쪽(S. 181). [2] 같은 곳. [3] 같은 곳. [4] 같은 곳.

때문이다.

그 통일적 현상은 현존재 자신 안에 있는 가장 광범위하고 가장 근원적인 개시 가능성에서 찾아져야 한다. 개시 가능성으로서 우리는 이해와 정상성을 거론한 바 있다. 이 양자를 하이데거는 이해적 정상성(verstehende Befindlichkeit)이라고 한다. 정상적 이해라고 해도 무방할 것이다. 우리는 정상성의 하나로 '두려움'을 거론했거니와, 가장 근원적인 이해적 정상성으로서 하이데거는 불안(Angst)이라는 현상을 들고 있다. "불안은, 현존재의 존재 가능성으로서, 불안 속에서 개시되는 현존재 자신과 하나가 되어 현존재의 근원적 존재 전체성을 명시적으로 파악하기 위한 지반을 제공한다."[5] 다시 말하면 하이데거는 현존재의 존재의 전체성을 현존재 자신에게 체험적으로 제시하기 위해 불안이라는 개시성을 검토한다.

불안을 방법개념으로 하여 현존재의 존재라는 통일적 현상을 찾아간 하이데거는 그것을 마음씀(Sorge)이라고 한다. 마음씀은 현존재의 존재이다. 마음씀이라는 현존재의 존재는 이미 현존재의 평균적 일상성의 전체 속에 숨어 있으면서 현존재의 평균적 일상성의 구조전체 자체를 존재론적으로 지탱하고 있는 것이다. 그리하여 이 제6장의 주요과제는 이 불안과 마음씀, 그리고 거기에 기초를 둔 실재성의 문제와 진리 문제 등이다. 실재성과 진리의 문제는 이 장의 부록인 셈이다.

---

[5] 262쪽(S. 181).

1. 현존재의 두드러진 개시성: 불안

제40절의 주제는 불안과 무(無)이다. 우리는 먼저 저 앞에서 미루어놓았던 문제, 즉 두려움과 불안은 어떻게 다르고 같은가 하는 문제를 검토하고자 한다. 그렇게 함으로써 불안 개념이 더욱 선명해질 수 있을 것이기 때문이다. 하이데거는 개시성의 하나로서 정상성을 거론하거니와 두려움과 불안은 각기 그 정상성의 양상이다.

그는 두려움을 두려운 것(두려움의 대상, Wovor der Furcht), 두려워함(Fürchten), 두려움의 이유(Worum der Furcht)의 세 관점에서 검토한다. ① 두려운 것은 "그때그때 용재자, 전재자 또는 공동 현존재〔타자〕라는 존재양식을 가지고 세계 내부적으로 만나는 것"[6]이다. 그것들은 특정한 방위에서 접근해오는 해로운 것으로서 '위협한다'는 성격을 가지고 있기 때문에 두려운 것이다. 그러나 두려운 것은 현실적으로 나타나지 않을 수도 있다. ② 두려워함은 현존재가 두려운 것을 만나는 것과 동시에 현존재에게 일어나는 정상성이다. 어떤 것이 두려운 것이려면 그것은 세계 안에서 벌써 두려운 것으로서 개시되어 있어야 한다. 이것은 현존재가 위협적인 것에 직면하면 곧 그것을 두려운 것일 수 있다는 점에서 미리 발견한다는 뜻이다. 현존재는 두려움을 타는 정상성을 가지고 있어서 그것이 두려운 것을 개시한다. ③ 두려운 이유는 현존재 자신이다. 즉 스스로 존재하면서 그 존재 자체를 문제삼는 자는 위협적인 것을 만나면 두려워할 수

---

6 204쪽(S. 140).

있다.

이에 반해 불안에는 일정한 방위로부터 접근해오면서 우리를 위협하는 그런 대상이 없다. 따라서 불안의 대상은 특정한 세계 내부적 존재자가 아니다. 〔불안을 알기 위해서는 불안상태를 상정하고 그 속으로 한번 빠져볼 필요가 있다〕

불안의 대상은 완전히 무규정적이다. 이 무규정성은 어떤 세계 내부적 존재자가 위협하는가에 대해 현사실적으로 결정하지 않을 뿐더러, 도대체 세계 내부적 존재자가 〈중요하지〉 않음을 의미한다. 세계 내부에서 용재적으로나 전재적으로 있는 것은 어떤 것도 불안의 대상이 될 수 없다. 세계 내부적으로 발견되는 용재자와 전재자의 적소성 전체는 그 자체로서 중요하지 않다. 그 적소성 전체는 스스로 붕괴된다. 세계는 완전한 무의의성이라는 성격을 갖는다. 불안 속에서는 위협적인 것으로서 적소성을 가질 수 있는 이것이나 저것을 만나지 못한다.[7]

바꿔 말하면 "불안 속에서는 환경세계적 용재자, 일반적으로 세계 내부적 존재자는 침몰하고 만다. 〈세계〉도 타자라는 공동 현존재도 이제 아무것도 제공하지 못한다."[8] 일상적으로는 세계 내부적 존재자는 유의의성으로서의 세계에 의존해 있는데 불안에서는 이 유의의성이 붕괴되고 세계는 무의의해지는 것이다. 즉 불안 속에서는

---

7 269쪽(S. 186).   8 270~271쪽(S. 187).

현존재가 일상적으로 실존하는 그 세계가 무의의성 속에 침몰하고 만다. 세계 자체가 없어지는 것이 아니라 세계가 무의의해지는 것, 그것이 불안거리이다. 불안의 대상은 '아무것도 아니고 아무데도 없다'(Nichts und Nirgends). 이것을 하이데거는 무(無)라고 한다. 불안 거리는 무이다. 무가 두려운 것이다.

'아무것도 아니고 아무데도 없다'에서 표명되는 이 완전한 무의의성은 세계부재(世界不在)를 의미하는 것이 아니라, 세계 내부적 존재자는 그 자체로서 완전히 중요하지 않으므로 [무의의하므로] 이 세계 내부적인 것의 무의의성을 근거로 해서 세계가 그 세계성에서 단독적으로 솟구쳐 오른다는 사실을 의미한다.[9]

불안의 대상은 세계 자체의 무의의성이라고 했다. "현상적으로는 불안의 대상은 세계 자체임을 의미한다."[10] 불안에 직면해서 현존재는 그러나 그냥 으스스 떨면서 불안이라는 허공 속에 침몰하고 마는가? 위의 명제에 따르면 불안은 세계 내부적 존재자와 그 속에서 우리가 실존하는 세계가 무의의하다는 것에 그치지 않고 불안을 통해―불안 현상은 언제 불안했느냐는 듯이 어느 사이 스스로 사라져버리기도 하므로 그때 거기에서―바로 세계가 세계성에서 개시된다는 사실을 보여준다. 우리가 불안해한다는 것은 세계 내부적 존재자가 몽땅 마치 썰물처럼 밀려가고 거기에 텅 빈 허공이 입을 벌리

---

9 270쪽(S. 187).   **10** 같은 곳.

고 있어서 거기 대해 으스스한 정상성을 갖는 것을 의미한다. 그러나 우리를 엄습했던 불안은 어느 순간 씻은 듯이 사라지기도 한다. 이것이 불안 현상의 특징이다. 그때 물안개 걷힌 뒤에 산천경계(山川境界)가 아스라이 드러나듯이 그렇게 세계가 드러난다. 즉 불안을 통해 세계가 세계로서 개시된다. 불안을 통해서 세계는 오히려 단독적으로 더욱 선명하게 드러나는 것이다. 그러나 이 말은 불안이 세계를 없앴다가 재생시킨다는 말이 아니다. 불안이 근원적 직접적으로 세계를 개시한다는 것은, 불안이라는 근본 정상성은 현존재의 한 두드러진 개시성인데 이 개시성을 통해 세계가 드러난다는 것이다.

세계는 세계-내-존재의 한 구성계기이다. 따라서 "불안이 직면하는 그것은 세계-내-존재 자체이다."[11] "불안이 스스로 불안해하는 그 불안의 대상은 세계-내-존재 자체임을 의미한다."[12] 불안해하는 자는 말할 것도 없이 세계-내-존재로서의 현존재 자신이다. 현존재 자신이 불안의 대상이다. 불안 속에서 세계가 무의의해지면 일상적으로 그 세계에 의존해서 사는 현존재는 당장 의지거리를 잃게 된다. 즉 현존재는 세인-자기를 상실하고 으스스함 속에서 단독적으로 자기의 실존을 결정할 수밖에 없게 된다. 이것이 불안의 이유이다. 불안의 이유도 다름 아닌 세계-내-존재 자체이다. 불안은 현존재로 하여금 그의 '세계-내-존재 가능'에 대해 안절부절못하게 한다.

불안은 현존재가 그것 때문에 불안해하는 그것, 즉 현존재의 '본래

---

[11] 268쪽(S. 186).   [12] 270쪽(S. 187).

적 세계-내-존재-가능'을 향해 현존재를 되돌려놓는다. 불안으로 인해 현존재는 자기의 가장 독자적 세계-내-존재로 단독화되지만, 이 세계-내-존재는 이해하는 세계-내-존재로서 본질상 제 가능성을 향해서 자기를 기투한다. 그러므로 불안해하는 그 이유를 가지고, 불안은 현존재를 가능 존재로서, 더욱이 단독화 속에서 단독화된 자로서, 오직 자기 자신에 의해 존재할 수 있는 자로서 개시한다.[13]

세인으로서 현존재는 그 일상적 퇴락의 세계가 마음 편하고 아늑한 것이다. 불안 가운데 있는 현존재는 차라리 퇴락적 세인으로 도피하려는 경향을 갖는다. 그 도피는 "세계 내부적 존재자로부터의 도피가 아니라, 배려가 이 세계 내부적 존재자에 몰입해서 스스로 세인 속에 망실되어, 편안한 친밀감 속에 안주할 수 있는 바로 이 세계 내부적 존재자에로의 도피이다."[14]

불안은 먼저 현존재로 하여금 고립된 존재이게 한다. 불안은 현존재를 단독적 자기(solus ipse)로서 개시한다. 불안 가운데 있을 때 사람은 남들과 함께 있으면서 오히려 고독한 자가 된다. 그리하여 현존재는 고립된 자기 자신 앞에서 으스스하게 불안하다는 정상성을 갖는다. 그리하여 불안은 본질적으로 현존재가 가장 독자적 존재가능에 이르는 존재라는 것, 즉 자기의 존재양식을 선택할 자유를 향해 열려 있음을 보여준다. "불안은 현존재로 하여금 그의 '…를 향해 열려 있음'(propensio in…, 자유존재)에, 즉 언제나 이미 그 자신

---

[13] 270쪽(S. 187). [14] 272쪽(S. 189).

으로 있는 가능성으로서의 자기 존재의 본래성에 직면하게 한다."[15] 이 말은 현존재가 근본적으로 자유존재임을 함축한다. 현존재는 자기의 존재양식―본래적 존재와 비본래적 존재―을 스스로 결단해서 선택할 수 있다.

불안 속에서는 일체의 세계 내부적 존재자가 탈락하므로 "불안은 퇴락하면서 〈세계〉 및 공공적 피해석성에 의존하여 [즉 비본래적으로] 자기를 이해할 가능성을 현존재로부터 박탈한다."[16] 그리하여 불안으로 인한 "단독화는 현존재를 퇴락으로부터 되돌려 와서, 본래성과 비본래성을 그의 존재의 두 가능성으로서 그에게 분명하게 해준다."[17] 이로 말미암아 불안은 현존재로 하여금 본래적 존재로 돌아가게 한다. 불안은 현존재를 본래적 가능존재를 향해 스스로 기투하도록 한다. 하이데거는 이것을 줄여서 이렇게 말한다:

불안에는 두드러진 개시 가능성이 있다. 불안은 단독화하기 때문이다. 이 단독화는 현존재를 퇴락으로부터 되돌려 와서, 본래성과 비본래성을 그의 존재의 두 가능성으로서 그에게 분명하게 해준다.[18]

이것은 이렇게 말할 수도 있다: 배려할 만한 것이 아무것도 없는 불안 속에서는 일차적으로 배려에 근거를 둔, 존재 가능을 향한 자기 기투는 불가능하다. 그러나 거기에서 비로소 존재 가능의 가능성이 또한 개시되는 것이라고.

---

15 271쪽(S. 188).   **16** 271쪽(S. 187f.).   **17** 275쪽(S. 190f.).   **18** 같은 곳.

요컨대 불안을 통해 현존재는 자기의 존재양식(본래성과 비본래성)을 분명히 선택한다. 그러나 불안 때문에 현존재는 비본래적으로 될 수 없다. 비본래적 세계-내-존재인 세인은 편안한 자신감과 자명한 〈느긋함〉을 현존재의 평균적 일상성 속에 끌어들이지만, 그러나 불안은 그런 비본래성을 거부하고 본래적 자기로 돌아가도록 한다. 불안은 자기 회복의 계기인 것이다.

불안에 관한 이상의 논의를 하이데거는 이렇게 정리한다:

① 불안해하는 것은 정상성으로서 세계-내-존재의 한 방식이다; ② 불안이 직면하는 것[불안의 대상]은 피투적 세계-내-존재이다; ③ 그것 때문에 불안해하는 불안의 이유는 세계-내-존재-가능이다. 따라서 불안의 완전한 현상은 현존재를 현사실적으로 실존하는 세계-내-존재로서 보여준다. 이 존재자의 기초적 존재론적 성격은 실존성, 현사실성[피투성] 및 퇴락존재이다.[19]

이와 같이 불안의 대상도 피투적 세계-내-존재로서의 현존재이고, 불안해하는 자도 세계-내-존재인 현존재이며, 불안의 이유도 현존재의 세계-내-존재-가능이다. 이리하여 불안이라는 정상성은 세계-내-존재의 모든 계기[세계, 내-존재, 자기]를 전체적으로 개시한다. 나아가서 불안으로 인해 현존재는 본래성과 비본래성이라는 자기의 존재양식을 선택할 수 있는 자유존재임을 개시하거니와, 불

---

[19] 275쪽(S. 191).

안은 궁극적으로는 현존재로 하여금 그 본래성으로 돌아가도록 한다. 이 불안을 전환계기로 해서 하이데거는 제II편의 주제인 본래성으로 넘어가는 것이다.

2. 본래성과 비본래성

여기에서 수없이 사용되어온 개념인 현존재의 본래성과 비본래성의 구분에 대해 정리하고 넘어가는 것이 좋을 것이다. 비본래성이란 실존론적으로는 현존재가 세계 내부적 존재자와 교섭하면서 사는 존재양식―세인의 존재양식과 퇴락적 존재양식―을 가리킨다. 다시 말하면 세계로부터 해석되고 선택되는 대로 현존재가 자기를 해석하고 선택하는 존재양식은 말할 것도 없고, 세계 내부적 존재자를 전재자로서 관조하는 태도도 비본래적이다. 『존재와 시간』 제II편에서는 특히 후자가 강조되어 있다. 한마디로 말하면 존재하는 것(존재자)과 교섭하는 현존재의 존재양식은 모두 비본래적이다.

『성경』에 따르면 하느님은 우상을 섬기지 말라고 하였고, 모세는 이 계명에 따라 죽은 뒤 자기 시신을 화장해서 흩어버리라고 유언하였다. 이것은 무슨 뜻인가? 우상이란 상징물을 가리킨다. 상징물은 전지전능한 절대자인 하느님을 그 상징 속에 국한시킬 가능성이 있다. 모세가 자기의 시신을 남기지 말라고 한 것도 우상화를 우려한 때문이다. 우상이나 상징물은 그 어떤 것의 우상이고 상징이다. 그것에 매달리면 비본래적인 데로 떨어지고 만다. 우리는 기복 신앙을

멀리하는데, 그 이유는 기복신앙에서는 어떤 것—명예든 지위든 재물이든—의 복을 빈다는 데 있다. 그것이 타락이다. 불교에서도 어떤 것에 주착(住着)하는 것을 집착이라 하여 득도하지 못하는 근본원인으로 간주하고 있다. 그것은 자기의 본래성을 망실한 현존재의 비본래적 존재양식이기 때문이다.

이에 반해 본래성이란 현존재가 실존론적으로 본래적 자기에 입각해서 자기의 존재를 선택하는 것을 말한다. 특히 내면의 소리 없는 말인 양심의 소리에 청종하여 독자적 자기를 회복하는 경우를 가리켜서 본래적이라 한다.

3. 현존재의 존재 : 마음씀

위에서 본 바와 같이, 불안에서는 현존재의 세 규정성인 피투적 현사실성과 기투〔실존〕 및 퇴락이 개시된다. 현사실적 피투성은 정상성이 개시하고, 기투는 이해가 개시하는 존재 가능이며, 퇴락은 비본래적 평균적 일상성 속의 세계-내-존재인 세인의 존재양식을 개시한다.

'…를 문제삼는다'(es geht um…)는 것은 가장 독자적 존재 가능을 향해 자기를 기투한다는 것인데, 이것은 이해가 개시한다. 가장 독자적 존재 가능을 향한 존재(실존)라 함은 현존재가 그때마다 이미 자기를 넘어서(über sich hinaus) 자기 자신을 '앞질러 있음'(sich-vorweg-sein), 즉 기투임을 의미한다. 다시 말하면 '자기를 앞질러 있음'은 세계-내-존재의 한 성격, 즉 기투성격이다. 마찬가지로 세계-내-존재는 정상적 존재로서 이미 어떤 세계 내에 던져져 있다. 따라서 자기를 앞질러 있다 함은 '이미 어떤 세계 내에 있으면서 자기를 앞지르는 것'(Sich-vorweg-im-shon-sein-in-einer-Welt)이다. 현존재의 실존은 언제나 현사실적 실존이다. 그런 현존재는 또한 언제나 이미 배려되는 세계 속에 몰입해 있다. 즉 그는 세계 내부적 존재자에 '퇴락하면서 몰입해 있다.' 이 세 계기를 하이데거는 하나의 개념으로 이렇게 표현한다:

> 그러므로 현존재의 존재론적 구조 전체의 형식적 실존론적 전체성은 다음과 같은 구조로 파악되지 않으면 안 된다: 현존재의 존재란 '(세계 내부적으로 만나는 존재자)에 몰입해 있음으로서 자기를 앞질러 이미 (세계) 내에 있음'을 의미한다. 이 존재는 순수하게 존재론적-실존론적으로 사용되는 마음씀이라는 명칭의 의의를 충족시킨다.[20]

현존재의 존재란 다시 말하면 '(세계 내부적으로 만나는 존재자)에 몰입해 있음으로서 자기를 앞질러 이미 (세계) 내에 있음'(*Sich-vorweg-schon-sein-in-(der Welt) als Sein-bei (innerweltlich begegnendem Seienden)*)이다. 그것은 다름 아닌 '마음씀'(Sorge)이다. 이리하여 현존재의 존재는 마음씀이라고 확정되었다. 마음씀이란 현존재의 구조 전체, 즉 실존성과 피투적 현사실성 및 퇴락존재의 통일을 가리

---

[20] 277쪽(S. 191).

키는 말이다. 이 마음씀을 그것이 관계맺는 존재자와의 관계를 중심으로 다시 정리하면 용재자에 대한 마음씀은 배려(Besorge)이고, 공동 현존재인 타자에 대한 그것은 고려(Fuersoge)이다. 자기 자신에 대한 마음씀이 마음씀임은 말할 것도 없다. '…에 몰입해 있음'도 배려이다. 그 이유는 배려가 내-존재의 방식이고, 내-존재는 또 그 근본구조인 마음씀에 의해 규정되어 있기 때문이다. '이미 있음'과 '자기를 앞질러 있음'이 또한 마음씀임은 말할 나위 없다.

이 기술에 이어서(§ 42) 하이데거는 현존재의 존재를 마음씀이라고 실존론적-존재론적으로 규정하기 이전의 단계, 즉 역사적, 전(前) 존재론 단계의 증언을 하나 소개하고 있다. 그것은 사람을 '쿠라'(cura)라고 해석하는 우화이다. 매우 재미있고 낭만적으로 기술되어 있는 이 우화의 내용은 이렇다. '쿠라'라는 이름을 가진 여신은 강 건너에서 진흙 한 덩어리를 발견하여 그것으로 하나의 형상을 빚어놓고 생각에 잠겨 있었다. 거기에 주피터가 다가왔다. 쿠라는 주피터에게 그 형상에 정신을 불어넣어 줄 것을 간청하여 승낙을 받았다. 쿠라가 그 형상에 자기 이름을 붙이려 하자 주피터가 거절하며 말하길, 자기가 정신을 부여했으니 거기에는 자기 이름을 붙여야 한다는 것이다. 여기에 텔루스 신[대지]이 다가와서 거기에는 자기 몸의 일부가 제공되었으므로 자기 이름을 붙여야 마땅하다고 주장한다. 이들은 사투르누스 신[시간]을 심판관으로 모셨다. 사투르누스의 판단은 이렇다: 정신을 준 주피터는 그가 죽을 때 정신을 취하고, 육체를 제공한 텔루스는 그때 육체를 가져가라. 그러나 쿠라는 이것을 처음으로 만들었으니 그가 살아 있는 동안 쿠라의 것으로 함이

옳다. 그러나 이름으로 인해 싸움이 벌어졌는지라 그 이름을 '호모' (homo, 사람)라고 부르도록 하라. 흙(후무스, humus)으로 만들어졌기 때문이다.[21] 라틴어 cura는 영어의 care이다.

증명력이 강하지 못한 이 우화에 대한 해석을 부연하면서 하이데거는 "이 우화 속에서 표명된 인간의 전(前) 존재론적 본질규정은 애당초 이 세상에서의 인간의 시간적 유전(流轉)을 처음부터 끝까지 지배하는 바로 그 존재양식을 염두에 두고 있었던 것"[22]이라고 말한다. 이 우화를 제I편이 끝나고 제II편으로 넘어가는 대목에서 소개하는데는 어떤 의도가 있을까?

4. 실재성과 진리의 문제

『존재와 시간』 제I편은 사실상 이상으로 끝난 셈이다. 제I편의 마지막 주제는 불안과 현존재의 존재인 마음씀이다. 불안은 평균적 일상성 속의 현존재가 자기의 본래성을 회복하는 전환적 계기이면서 또한 현존재의 전체 구조인 세계-내-존재를 통일적으로 개시하는 계기이다. 이로 인해 세계-내-존재로서의 현존재의 존재는 마음씀이라는 것이 밝혀진 것이다. 제II편은 이 마음씀을 시간의 지평에서 해석하는 것이다.

제I편의 모든 서술을 통해 보여준 하이데거의 철학과 용어는 전

---

[21] 284~285쪽(S. 197f.). [22] 286쪽(S. 198f.).

적으로 전통적인 것과 다르다. 하이데거 철학이 이해하기 어려운 이
유는 바로 이 점에 있다고 해도 과언이 아니다. 그런데 하이데거는
종래의 존재론과 자기의 존재론이 현저하게 다른 것 중에서 먼저 눈
에 띄는 두 주제를 골라서 여론(餘論)으로 소개하고 있다. 그 두 주
제란 실재성의 문제와 진리의 문제이다. 이 두 주제가 여론 내지 응
용임에도 불구하고 여기에 그 내용을 소개하는 이유는 하이데거의
독자적 견해를 보여줌으로써 그의 철학을 더 선명하게 이해할 수 있
게 하기 위해서이다.

1) 실재성의 문제

하이데거는 처음부터 사물을 용재자로 파악한다. 따라서 세계도
현존재를 궁극목적으로 하는 용재자의 적소성으로서 파악되었다.
세계는 용재자의 적소성과 유의의성이다. 그런데 고대 그리스 시대
로부터 최근에 이르기까지 종래의 철학(일반 존재론과 변증법적 존재
론)은 모두 사물(res)을 전재적으로만 이해했다. 그 결과 존재는 실
재성(Realität)이라는 이념을 지니게 되었다.

〔존재에 대한 오리엔테이션의 잘못으로 인해〕존재의 근본 규정성은
실재성이 된다. 이렇게 존재이해가 잘못 놓여짐에 따라, 현존재의 존
재론적 이해도 이 존재개념〔실재성〕의 지평으로 옮겨간다. **현존재도
다른 존재자와 마찬가지로 실재적으로 전재한다.** 이리하여 무릇 존재 일
반은 실재성이라는 의미를 지니게 된다. 따라서 실재성이라는 개념이
존재론적 문제에서 독자적 우위를 차지한다. 이 우위가 현존재의 진

정한 실존론적 분석론으로 가는 길을 가로막을 뿐 아니라, 세계 내부적으로 가장 가까운 용재자의 존재로 향하는 시선까지도 이미 가로막고 있다. 이 우위는 마침내 존재 문제 일반을 잘못된 방향으로 밀어붙인다. 그 이외의 존재양상도 실재성을 고려해서 소극적 결여적으로 규정된다.[23]

이렇게 존재가 실재성이 된 궁극적 이유는 고대 그리스 시대 이래의 실체론(實體論)에 있다. 실체란 모든 변이(變移)를 통해 불변적으로 있는 것을 가리킨다. 사람들은 그것을 우리의 의식 밖에 초월적으로 있는 사물에서 찾는다. 불변적이라고 여겨지는 전재적 사물은 어쨌든 세계 내부에, 그러나 나의 의식 밖에 있는 것이다. 전재자가 의식 밖에 독립적으로 있다는 것에 대한 증명은 관념론에서도 실재론에서도 시도되었으나 쉽게 성취될 수 있는 것이 아니고, 나의 의식 밖에 있다고 할 때 그 나라는 현존재에 대한 검토도 충분하지 못하다. 관념론자들이 할 수 있는 것은, 가령 데카르트의 경우처럼, 존재자의 실체를 연장으로 보는 것이다. 그러나 그것은 과학자와 마찬가지로 존재자를 무세계적 전재자로 파악하는 것에 지나지 않는다.

실재적인 것이 세계 내부적 전재자라고 한다면, 그것도 이미 개시된 세계를 근거로 해서만 발견될 수 있기 때문에, 다시 말하면 "세계 내부적 존재자의 모든 존재양상은 존재론적으로는 세계의 세계

---

[23] 289쪽(S. 201).

성에, 따라서 세계-내-존재라는 현상에 기초하고 있기"[24] 때문에, "그런 존재자에 접근하는 모든 통로는 존재론적으로는 현존재의 근본 틀, 즉 세계-내-존재 속에서 정초되어 있다."[25] 그리고 세계-내-존재는 더 근원적으로는 마음씀이라는 존재 틀을 가지고 있다. 그러므로 "실재성은 존재론적 정초연관의 순서에 있어서, 그리고 가능한 범주적 및 실존론적 증시의 순서에 있어서 마음씀이라는 현상으로 소급 지시된다."[26]

말할 나위 없이, 현존재가 있는 한에서만, 즉 존재이해의 존재적 가능성이 있는 한에서만 존재는 〈있다〉. 현존재가 실존하지 않으면, 〔실재적인 것의〕 〈독립성〉도 〈있지〉 않고, 〔그것의〕 〈즉자성〉도 〈있지〉 않다. 그때에는 그런 것들은 이해될 수도 없고 안 될 수도 없다. 그때에는 세계 내부적 존재자 또한 발견될 수도 없거니와 은폐될 수도 없다. 그때는 존재자가 있다 없다조차 말할 계제가 아니다. 존재이해가 있는 한에서, 그리고 이와 함께 전재성의 이해가 있는 한에서, 그때에도 존재자는 여전히 있게 될 것이라고 지금 감히 말할 수 있는 것이다.[27]

실재적인 것이든 관념적인 것이든 모든 세계 내부적 존재자는 현존재의 존재이해가 있는 한에서 존재자로서 접근 가능하다는 것이 실재성의 문제에 대한 하이데거의 결론이다.

---

[24] 302쪽(S. 211).　[25] 291쪽(S. 202).　[26] 303쪽(S. 211).　[27] 303쪽(S. 212).

2) 진리의 문제

고대 그리스 시대 이래 진리는 진술 또는 판단에 있고, 진리의 본질은 판단과 대상과의 일치라고 생각되어왔다. 아리스토텔레스는 진리를 표상의 사물에의 동화(同化, 일치)라 하고, 이것을 계승하여 토마스 아퀴나스는 진리의 본질을 '지성과 사물의 일치'(adaequatio intellectus et rei. '일치' 대신 '대응'(corespondentia), '합치'(convenientia)라는 용어를 쓰기도 한다)라고 정식화하여 서구적 진리관의 규준이 되게 했다. 브렌타노는 칸트도 여기에서 벗어나지 않는다는 것을 보여주었다. 전통적으로 진리는 '인식과 그 대상과의 일치'이다.

하이데거는 먼저 '일치'에 대해 검토한다. 일치는 우선 '관계'이다. 그러나 일치라는 이 관계는 '어떤 점에서의 일치인가?'가 먼저 고려되어야 한다. 가령 6은 16-10과 일치한다. 그것은 '얼마나 많이?'라는 점에서의 일치이다. 그러나 지성과 대상 사이에는 어떤 동종성(同種性)도 없으므로 그 관계성격은 '…와 같이, 그렇게'(So-Wie)라고 규정될 수밖에 없다.

그러나 인식은 사상(事象)을 그것이 있는 바와 같이, 그렇게 〈주어〉야 한다. 〈일치〉는 〈…와 같이, 그렇게〉라는 관계성격을 가지고 있다. 어떤 방식으로 이 관계는 지성과 사물 사이의 관계로서 가능한가? 이런 물음으로부터 다음과 같은 것이 명확해진다: 진리의 구조를 구명하기 위해서는 이 관계 전체를 그냥 전제하는 것으로는 불충분하고, 이 전체를 전체로서 담지하고 있는 존재연관 속으로 소급해서 물어가지 않으면 안 된다.[28]

"전체를 전체로서 담지하고 있는 존재연관 속으로 소급해서 물어가지 않으면 안 된다"는 말에서 이미 짐작할 수 있듯이, 하이데거는 지성과 대상이라는 주관-객관의 문제를 실존론적 존재론의 차원으로 끌고 가려고 한다. 먼저 무엇이 문제인가를 살펴보아야 한다. 판단작용은 실재적 심리과정이고, 대상은 실재적인 것이라 하더라도 판단내용으로서는 이미 관념적인 것이다. 따라서 일치란, 첫째, 실재적 대상과 관념적 판단내용 사이의 일치와, 둘째, 판단내용과 실재적 심리과정으로서의 판단작용과의 일치로 구분해야 한다. 첫 번째 일치는 '…와 같이, 그렇게'의 문제라고 할 수 있다. 그리하여 문제는 어쨌든 실재적인 것(판단수행)과 관념적인 것(판단내용)의 '일치'에 있다. 판단에서 이 일치를 보증하는 것은 인식작용이다. 인식작용이 스스로 참된 것으로 증거될 때 그 일치는 보증되는 것이다.

하이데거는 이런 예를 들고 있다. 누군가가 벽에 등을 대고 '벽에 걸려 있는 그림이 삐뚤어졌다'고 말했다고 하자. 이 진술이 참인지 거짓인지는 진술자가 돌아서서 그 그림이 삐뚤어졌는지 아닌지를 확인하면 된다. 여기서 '확인'이란 무엇을 의미하는가? '벽에 걸려 있는 그림이 삐뚤어졌다'고 진술하는 행위는 존재하는 사물(그림)을 향한 존재이다. 지각을 통해 확인되는 것은 무엇인가? 그것은 그 자체로 있는 존재자(그림) 이외에 다른 것이 아니다.

확인되어야 하는 것은, 진술되는 것(피진술체, 즉 그림)을 향한 진술

---

28 308쪽(S. 216).

적 존재〔언표〕가 그 존재자〔그림〕를 제시한다는 것이니, 다시 말하면 진술적 존재가 자신이 지향하는 존재자〔그림〕를 발견한다(entdecken)는 것이다. 증거되는 것은 진술이 '발견하면서 있다'(Entdeckend-sein)는 것이다. 이 경우, 증거를 수행할 때의 인식작용은 오로지 존재자 자신에 대해서만 행해진다. (…)[29]

증거되어야 하는 것은 오로지 존재자 자신이 '발견되어 있다' (Entdeckt-sein)는 것, 그리고 스스로 어떻게 발견되어 있는가를 보이는 존재자 자신뿐이다. 그것이 발견되어 있다는 것은 진술되는 것, 즉 존재자 자신이 동일한 것으로서 자기를 제시한다는 데서 확인된다. 확인이란 존재자가 자기 동일성에 있어서 자기를 제시하는 것을 의미한다."[30]

진술이 참되다는 것은 그 진술이 존재자를 그 자신에 즉해서 발견한다는 뜻이다. "발견하면서 있음으로서의 참〔Wahr-sein, 참 있음〕은 다시 존재론적으로는 세계-내-존재에 근거해서만 가능하다."[31]

이렇게 해서 진리는 세계-내-존재라는 근원현상으로 환원된다. 거기에서 보여지는 진리 현상은 어떤 것이며 전통적 진리는 거기에서 어떻게 파생되는가? 하이데거에 따르면 진리의 근원어는 a-letheia이다. a는 그리스말로는 부정을 의미하므로 a-letheia는 '은폐(lethe)를 벗김', 즉 비은폐성을 의미한다. 진리의 근원적 조건은 은폐, 즉 비진리이다.

---

[29] 311쪽(S. 218).　[30] 같은 곳.　[31] 312쪽(S. 219).

우리는 진리〔Wahr-sein, 참 있음〕를 '발견하면서 있음'이라고 정의했거니와, 이것은 다름 아닌 현존재의 한 존재방식이다. 용재자에 대한 배시적 배려나 전재자에 대한 관조적 관찰도 세계 내부적 존재자를 발견한다. 그러나 '발견하면서 있는' 것은 현존재 자신뿐이고, 저것들은 현존재에 의해 발견되어 있는〔피발견성〕것이다. 전자가 일차적·근원적 진리라면, 후자는 이차적·파생적 진리이다. 진리 현상은 근원적으로는 실존론적 존재론에 그 기초를 둔다. 이차적·파생적 진리, 즉 개시된 세계 내부적 존재자의 진리는 근원적 진리인 현존재에 근거한다.

세계 내부적 존재자의 피발견성은 세계의 개시성에 근거한다. 개시성은 그러나 현존재의 근본양식이고, 이 근본양식에 따라 현존재는 자기의 현-존재이다. 개시성은 정상성, 이해 및 말〔또는 퇴락〕로 구성되고, 등근원적으로 세계, 내-존재 및 자기에 관계한다.[32]

개시성에 대해서는 이미 저 앞에서 상술한 바 있다. 현존재가 본질상 개시성으로 있고, 그 현존재가 개시하고 발견하는 한, 현존재는 본질적으로 참이다. 그런 현존재를 가리켜서 하이데거는 "현존재는 〈진리 가운데〉 있다"[33]고 말한다. 현존재는 개시성으로서 근원적으로 참이다. 현존재의 존재 틀에는 그러나 현존재의 개시성의 구성요소로서 이해, 정상성 및 퇴락〔또는 말〕이 있다는 것도 전술한 바

32 314쪽(S. 220).   33 같은 곳.

있다. 그런데 여기서 중요한 것은 퇴락의 계기이다. 이것은 존재론적으로는 존재자를 전재자로 보는 태도이고, 실존론적으로는 일상적 현존재가 자기의 세계에 몰두하는 나머지 자기를 상실함을 가리킨다. 그것은 세인에 의한 공공적 해석, 즉 세계로부터의 피해석성에 자기를 내맡기는 것이다. 거기에서는 세계 내부적 존재자〔발견된 것〕와 〔발견하면서 있는〕 현존재가 빈말, 호기심, 애매성 등에 의해 은폐되고 왜곡된다. "현존재는 본질상 퇴락하기 때문에 그 존재 틀에서 보면 〈비진리〉 가운데 있다."[34] 현존재는 진리 가운데 있으면서 등근원적으로 비진리 가운데 있다. "그러므로 현존재는 본질상, 이미 발견된 것도 가상과 위장에 대항해서 분명히 자기 것으로 하고, 피발견성으로부터 거듭거듭 자기를 확보하지 않으면 안 된다."[35] 일반적으로 피발견성은 은폐되어 있다. 그리하여 진리는 이 은폐로부터 탈취되어야 하는 것이다.

진리는 현존재가 있는 한에서만, 또 그 동안에만 있다. 그 예를 하이데거는 뉴턴의 법칙과 모순율 따위에서 들고 있다. 그것들은 진리이지만 현존재가 있지 않았던 이전이나 있지 않게 될 이후에는 진리로서 타당할 수 없다는 것이다. 그렇다고 그것들이 그때에는 거짓이라는 이야기는 아니다. 사람이 없는 곳에서는 진리나 비진리를 말할 수 없다는 것이다. 이리하여 진리는 궁극적으로는 현존재의 개시성에 그 근원을 둔다는 것이 확인되었다. '주체가 진리이다'라는 키에르케고르의 명제는 하이데거에게도 해당된다.

---

34 316쪽(S. 222).　**35** 같은 곳.

제Ⅱ편 현존재와 시간성

제 II 편의 개요

　제I편의 주제는 현존재의 예비적 기초분석이다. 현존재의 구조 전체는 세계-내-존재이다. 하이데거는 이것을 그 구성요소인 세계, 세계-내-존재는 누구인가, 내-존재로 나누어서 분석했다. 모든 분석된 전체를 통일적으로 개념화하면 세계-내-존재로서의 현존재의 존재는 '(세계 내부적으로 만나는 존재자)에 몰입해 있음으로서 자기를 앞질러 이미 (세계) 내에 있음'(Sich-vorweg-schon-sein-in (der Welt) als Sein-bei (innerweltlich begegnendem Seienden))이다. 이것은 현존재의 존재로서의 마음씀이다. 이 현존재의 존재는 세 계기〔실존, 피투적 현사실성, 퇴락〕의 통일로 구성되어 있다는 것은 위에서 누차 언급한 바 있다. 제I편의 모든 담론과정은 현존재의 존재가 마음씀이라는 것을 확인하는 데까지 이르렀다. 그런데 저 현존재의 존재는 평균적 일상성 속에서 본 현존재의 존재이다. 다시 말하면 그것은 현존재의 '근원적' 존재가 아니라 비본래적 존재이다. 이 비본래적 존재를 본래적 존재로 회복시키기 위한 계기로서 하이데거는 불안이라는 근본 정상성을 분석한다. 그리고 마지막으로 그는 자기의 견해를 전통적인 것과 구별해서 선명하게 보여주는 주제로서 실재성과 진리의 문제를 여론으로 덧붙였다.

　현존재의 존재가 근원적이려면 현존재의 **전체성과 본래성**이 확보되어야 한다. 이제까지의 분석은 현존재를 일상적 존재자로서 비본래적이거나 무차별적 실존에서 분석했다. 따라서 "지금까지의 현존재의 실존론적 분석으로는 근원성에 대한 요구를 제고(提高)할 수 없다."¹ 현존재의 존재를 근원적으로 파악하려면, 첫째, 현존재가 그 전체성에서 포착되어야 하고, 둘째, 그 현존재의 본래성이 증거되어야 한다. 즉 현존재의 '본래적 전체 존재 가능'이 제시되어야 한다. 현존재의 전체성은 현존재의 끝인 '죽음'(Tod)이 보증하고, 본래성은 '양심'(Gewissen)이 증거한다. 죽음과 양심에 관해 하이데거는 아래와 같이 말한다.

현존재가 존재하는 한, 그 현존재에게는 그가 있을 수 있고 또 있게 될 어떤 것이 그때마다 아직 남아 있다. 이 미제(未濟, 아직 채워지지 않은 부분)에는 그러나 〈종말〉 자체가 속한다. 세계-내-존재의 〈종말〉은 죽음이다. 존재 가능, 즉 실존에 속하는 이 종말이 현존재의 그때그때의 가능한 전체성을 한계짓고 규정한다.²

본래적 실존이라는 것이 현존재에게 존재적으로 억지로 떠맡겨지는 것도 아니고 존재론적으로 날조되는 것도 아니라면, 현존재 자신이 자신의 존재 속에서 자기의 본래적 실존의 가능성과 방식을 제시해야 함은 말할 것도 없다. 그런데 본래적 존재 가능을 증거하는 것은 양심이다.³

죽음과 양심을 통해 현존재의 전체성과 본래성이 확보되면 현존재의 존재의미를 근원적으로 해석하기 위해 충분한 현상적 지반이

---

1 334쪽(S. 233).   2 같은 곳.   3 335(S. 234).

획득되는 것이다. 이를 위해 하이데거는 먼저 기투(실존)의 방면에서 죽음에 대해 검토한다. 현존재의 전체 존재는 죽음이 보증하기 때문이다. 그러나 죽으면 이미 현존재가 아니다. 죽기 직전까지를 우리는 현존재라고 하는 것이다. 즉 죽음에는 '아직 아님'이라는 미제(未濟)가 남아 있어야 한다. 현존재는 '죽음에 이르는 존재'(Sein zum Tode)이다. 죽음은 현존재의 가장 독자적이고, 몰교섭적이고, 확실하고, 뛰어넘을 수 없는 가능성인데, 이런 가능성을 본래적으로 내 것으로 하는 것을 그는 죽음에로의 선구(先驅, Vorlaufen)라 한다. 선구란 앞으로 달려간다는 말이다. 이것은 죽음에 이르는 본래적 존재의 실존론적 기투를 찾아 모색한 것이다(제1장).

현존재의 '본래성'은 양심이 증거한다. 양심의 부름은 현존재가 본질적 피투적으로 '책을 지고 있음'(Schuldig-sein)을 근거로 해서 자기 자신을 소리 없이 내면으로부터 불러일으킨다. 이렇게 불러일으켜진 현존재는 자기의 본래성으로 돌아오는 것이다(제2장).

기투와 피투성의 두 방면에서, 즉 죽음과 양심의 분석을 통해 현존재의 본래적 전체성, 즉 선구적 결의성이 확보된다. 이 '선구적 결의성'이 현존재의 '본래적 전체 존재 가능'을 보증한다는 전제 아래 하이데거는 현존재의 존재, 즉 마음씀의 의미가—즉 마음씀을 가능하게 하는 것이—곧 시간성이라고 천명한다. 다시 말하면 마음씀은 시간적 구조를 가지고 있다는 것이다. 그런데 시간은 존재하는 것이 아니라 스스로 시숙(sich zeitigen)한다. 시간성은 탈자적 지평을 갖는다는 것도 검토되고 있다(제3장). 이상으로 제II편의 주요목표는 일단 달성되는 셈이다.

그러나 하이데거는 여기서 그치지 않고, 제I편에서 분석한 평균적 일상성 속의 현존재를 다시 시간성에서 해석한다. 그것은 현존재의 개시성을 시간적으로 해석하는 것이다. 즉 그는 현존재의 개시성을 본래적 시간성과 비본래적 시간성으로 구분해서 검토한다. 거기에 세계-내-존재의 시간성과 세계의 초월 문제가 다루어진다(제4장). 이어서 그는 시간성의 연장선상에서, 현존재의 전체성은 죽음만으로 확보되는 것이 아니라 '탄생과 죽음 사이'의 신장(伸張)에서 보증되는 것이라는 전제 하에 현존재의 역사성을 분석한다(제5장). 마지막으로 그는 시간의 공공성, 즉 세계 내부적 존재자가 그 안에서 만나는 시간인 세계시간은 무엇이며, 전통적 시간 개념인 통속적 시간 개념은 어디에서 어떻게 연원하는지를 성찰한다(제6장).

제1장 현존재의 가능한 전체 존재와 죽음에 이르는 존재

제1장의 과제 : 죽음

현존재의 전체성은 죽음을 통해 확보된다. 그러나 아무도 죽어 볼 수는 없다. 우리는 단지 경험적·통계적으로만 죽음에 접근할 수 있을 뿐이다. 실존적으로는 물론이요 실존론적으로도 죽음을 주제로 삼는 것은 거의 불가능하다. 고육책으로 타자의 죽음을 대리주제(代理主題)로 삼아볼 수 있을 듯하지만 사실은 그것도 불가능하다. 왜냐하면 죽음은 궁극적으로는 각자의 것이기 때문이다. 하이데거는 죽음에 이르기까지의 아직 남아 있는 존재 가능, 즉 '아직 아님'(Noch nicht)인 미제(未濟, Ausstand)를 분석한다. 그리하여 현존재는 '종말에 와 있는 존재'(Zu-Ende-sein)가 아니라 '종말에 이르는 존재'(Sein zum Ende), 즉 '죽음에 이르는 존재'(Sein zum Tode)라고 규정된다. 죽음은 가장 독자적이고, 몰교섭적이고, 확실하고, 무규정적이고, 뛰어넘을 수 없는 가능성이다. 세인은 이런 죽음을 회피하여 당장 자기에게는 해당되지 않는 것으로 간주한다. 그러나 실존론적으로는 그런 죽음에 앞질러 감으로써 각자의 현존재의 전체성을 확보하지 않으면 안 된다. 그것이 죽음에로의 선구(Vorlaufen zum Tode)이거니와 또한 실존론적 이해이기도 하다. 그러나 이런 담론은 일상적 현존재, 즉 비본래적 현존재에게서 보여지는 죽음 현상에 관한 것이다. 전체적 본래성을 확보하기 위해서 우리는 본래적 현존재를 증거해야 한다. 그것은 제2장의 과제이다.

1. 죽음에 대한 담론은 외견상 불가능하다

우리는 위에서 죽음이 현존재의 전체성을 보증한다고 했다. 그러나 죽음에 대한 담론은 형식상으로는 불가능하다. 그 이유는 다음과 같다. 첫째, 현존재의 '구조 전체의 전체성'에는 '자기를 앞지름'(sich vorweg, 기투)의 계기가 있다. 그러나 '현존재가 존재하는 동안'에는 앞지를 수 있는 여분의 자기의 삶이 남아 있어야 한다. 앞지를 것으로 남아 있는 〔삶의〕 부분을 하이데거는 '미제'라 한다. 미제가 있어야 현존재는 '자기를 앞지를' 수 있는 것이다. 절망이나 자살을 각오하는 것은 이 미제에 대한 변양된 정상성이다.

마음씀의 이 구조계기〔자기를 앞지름〕가 분명히 말하는 바는, 현존재에게는 언제나 자기 자신의 존재 가능으로서 아직 〈실현〉되지 않은 어떤 것이 여전히 미제로 남아 있다는 것이다. 따라서 현존재의 근본틀의 본질에는 부단히 미완결성이 있다. 〔현존재의 존재의〕 비전체성이라 함은 존재 가능에 붙어 있는 이 미제를 의미한다.[1]

---

1 338쪽(S. 236).

둘째, 이제 현존재에게 이 미제가 전혀 없다고 한다면, 그것은 현존재가 더 이상 실존할 수 없음을 의미한다. 그때는 이미 '더 이상 현-존재가 아님'이 되고 만다.

존재의 미제를 제거한다는 것은 곧 현존재의 존재소멸을 의미한다. 현존재가 현존재로서 있는 동안, 현존재는 자기의 〈전체〉를 결코 달성하지 못한다. 만일 그 전체를 획득한다면, 그 획득은 세계-내-존재의 단적인 상실이 된다. 그때에는 현존재는 결코 더 이상 존재자〔현존재〕로서 경험할 수 없게 된다."[2]

그렇게 되면 현존재는 자기의 전체 존재를 확보할 수 없게 된다. 다른 길은 없는가? 타자의 죽음을 대리주제로 선택할 수밖에 없다. 타자란 공동 현존재이기 때문이다.

이하에서 하이데거는 타자의 죽음을 통한 현존재의 '가능한 전체 존재'의 확보 가능성을 모색한다. 그것은 미제와 '아직 아님'(즉, 죽음 쪽에서 본 미제)에 대한 분석으로 이어진다. 이 장은 죽음의 실존론적 전체성을 보장받기 위한 여러 모색의 서술이거니와, 비본래적 일상성 속의 현존재의 죽음에 대한 태도에서 출발하여 죽음에 이르는 본래적 존재의 실존론적 기투로 진행한다.

---

[2] 338쪽(S. 236).

2. 타자의 죽음으로 현존재의 전체성을 확보할 수는 없다

그러나 타자도 죽으면 그의 현존재를 박탈당하는 것이 아닌가? 물론 그렇다. 그러면 그는 어디로 가는가? 버려져야 할 폐기물이나 전재자로 변양되는가? 아니다. 타자란 배려거리인 용재자나 관찰의 대상인 전재자와는 달리 고려되어야 하는 공동 현존재이다. 그가 죽었을망정 그는 여전히 고려의 대상으로 있다.

〔버려진〕 사망자와는 달리 〈유족들〉로부터 빼앗겨간 〈고인〉(故人)은 장례, 매장, 묘제의 방식으로 〈배려〉의 대상이다. 그리고 그 까닭은 역시 고인이 그 존재양식상, 단지 환경세계적으로만 배려할 수 있는 용재적 도구 〈이상〉이기 때문이다. 애도와 회상에 잠겨 그의 곁에 머물러 있을 때. 유족들은 경건한 고려의 양상에 있어서 **그와 함께 있다**. 그러므로 사자(死者)에 대한 존재관계는 용재자에 몰입해서 배려하는 존재로서 이해되어서는 안 된다.[3]

다시 말하면 그는 '현-존재'하지 않지만 여전히 공동존재로서 동일한 세계 내의 상호존재인 것이다. "고인은 우리의 〈세계〉를 버리고, 그것을 뒤에 남긴 것이다. 뒤에 남은 사람들은 이 세계에 입각해서 아직 고인과 함께 있을 수 있다."[4] 이 점에서 타자의 죽음을 대리 주제로 삼을 수 있을 것 같기도 하다. 그럼에도 타자가 종말을 향해

---

[3] 341쪽(S. 238). [4] 같은 곳.

죽어가는 것을 옆에 있는 자가 경험할 수는 없다. 엄격하게 말하면 현존재의 종말과 전체성을 분석하기 위해 타자의 죽음을 주제화한다는 것은 불가능하다. 죽음에 관한 한 대리주제란 있을 수 없다. 왜냐하면 죽음은 각자 자기의 죽음이기 때문이다.

죽음은 그것이 〈있는〉 한, 본질적으로 그때마다 나의 죽음이다. 과연 죽음은, 그때마다 자기의 독자적 현존재의 존재가 절대적으로 문제되는, 그런 독특한 존재 가능성을 의미한다. 사망[현상]에서 드러나는 것은, 죽음은 각자성과 실존에 의해 존재론적으로 구성된다는 것이다. 사망은 결코 하나의 사건이 아니라 실존적으로 이해되어야 할 현상이고, 그것도 좀더 자세하게 한정해야 한다는 의미에서 두드러진 현상이다.[5]

결론적으로 말하면 타자의 죽음을 대리주제로 해서 현존재의 전체성을 획득하려고 하는 시도는 근본적으로 불가능하다. 그러면 현존재의 전체성을 확보할 다른 길은 없는가?

3. 미제, 종말, 전체성

죽음에 대한 이제까지의 담론을 하이데거는 다음과 같이 요약하

---

5 343쪽(S. 240).

고 있다:

① 현존재가 존재하는 한 그에게는 그가 [종말에 이르기까지] 있게 될 어떤 '아직 아님'—즉 부단한 미제가 속한다. ② 그때마다 '아직 종말에 이르지 않은 자'가 '그의 종말에 이른다는 것'(미제를 존재적으로 제거하는 것)은 '더 이상 현존재가 아님'이라는 성격을 갖는다. ③ '종말에 이른다'는 것은 그때그때의 현존재를 절대로 대리할 수 없는 존재양식을 자기 안에 가지고 있다.[6]

여기서 '아직 아님'(Noch nicht)이라고 한 것은 현존재가 자기의 종말(죽음)까지는 아직 여분의 존재가 남아 있다는 것, 즉 아직은 죽음이 아니라는 것이다. 그것은 미제의 다른 표현에 다름 아니다. 그러나 미제와 '아직 아님'은 대개 용재자와 전재자에게 해당되는 표현이다. 하이데거는 이 '아직 아님'에 대해 채무의 미회수, 만월이 되기까지의 [달에 비친 지구의] 그림자, 과일의 미숙 등 여러 예를 가지고 분석한다. 첫 번째, 채무의 미회수는 미수금이 회수되어 총액이 채무액과 같아지면 '아직 아님'은 제거된다. 두 번째, 달이 만월에 이르지 못한 것은 전재자에 대한 지각작용의 사항이다. 세 번째 예, 즉 과일의 미숙은 성숙과정에 불가결한 것이므로 과일로부터 제거할 수가 없다. 과일도 현존재도 존재하는 동안은 그때마다 자신의 '아직 아님'으로 있다. 과일의 미숙은 성숙과 함께 완성으로 끝난다.

---

[6] 346쪽(S. 242).

그러나 현존재가 도달하는 죽음은 자신의 삶을 마치는 것, 존재 가능의 박탈이다. 현존재의 삶은 미완성 상태에서 끝날 수도 있고, 완성의 단계를 훨씬 지난 뒤에 끝날 수도 있다.

삶의 끝남, 즉 종말에 대해서도 하이데거는 여러 가지로 검토하고 있다. 한마디로 현존재는 종말에 와 있는 존재(Zu-Ende-sein)가 아니라, '종말에 이르는 존재'(Sein zum Ende)이다.

> (…) 존재하는 한, 현존재는 부단히 이미 자신의 '아직 아님'으로 있다. 이와 마찬가지로, 현존재는 이미 언제나 자신의 종말로 있기도 하다. 죽음이라는 말이 의미하는 끝남은, 결코 현존재의 끝막음이 아니라, 이 현존재가 종말에 이르는 존재(*Sein zum Ende*)라는 것이다. 죽음은 현존재가 존재하자마자 그 현존재가 인수한 하나의 존재방식이다. 〈인간은 태어나자마자 죽기에 충분할 만큼 늙어 있다.〉[7]

현존재에게도 종말을 향해 '아직 아님'이 존재 가능으로 남아 있으나 이것은 미제로 해석될 성질의 것은 아니다. '아직 아님'이 채워지는 것과 현존재의 죽음과는 다르다. 전자는 완성일 수 있으나 후자는 존재의 제거이기 때문이다. 그리하여 '아직 아님' 부분을 채움으로써 현존재의 전체성을 확보하려는 시도는 실패한 셈이다. 미제나 '아직 아님'으로는 현존재의 죽음에 이르기까지의 존재 가능을 설명할 수 없다.

---

[7] 350쪽(S. 245).

4. 죽음의 실존론적 – 존재론적 구조의 밑그림

하이데거에 따르면 "현존재의 죽음은 '더 이상 현존재일 수 없다'는 가능성이다."[8] 죽음으로 인해 다른 현존재에 대한 모든 교섭은 단절된다. 죽음은 가장 극단적이고 절대로 뛰어넘을 수 없는, 즉 '절대적 불가능성'이라는 가능성이다. 그는 죽음의 성격을 한마디로 이렇게 요약한다:

> 죽음은 가장 독자적이고, 몰교섭적이고, 뛰어넘을 수 없는 가능성으로서 드러난다. 그런 가능성으로서 죽음은 하나의 두드러진 다급함(Bevorstand, 갑작스러움)이다.[9]

죽음은 다름 아닌 현존재의 죽음이다. "사망은 그 존재론적 가능성의 점에서는 마음씀에 근거한다."[10] 그리하여 죽음 현상은 현존재의 존재인 마음씀의 구조에서 그 밑그림이 그려져야 한다. 현존재의 존재인 마음씀은 '(세계 내부적으로 만나는 존재자에) 몰입해 있음으로서 자기를 앞질러 이미 (세계) 내에 있음'이다. "'자기를 앞지름'에서는 실존이, '이미 …내에 있음'에서는 피투적 현사실성이, '…에 몰입해 있음'에서는 퇴락이 표현되어 있다."[11] 현존재의 실존, 피투적 현사실성 및 퇴락은 죽음 현상과 어떻게 연관되는가? 죽음 현상을 현존재의 세 구조 계기로 나누어 살펴보면 어떻게 되는가? 먼저 죽

---

8 357쪽(S. 250).　9 같은 곳.　10 같은 곳.　11 356쪽(S. 249f.).

음이 다급하게 다가옴을 개시하는 것은 실존, 즉 '자기를 앞지름'(이해)이다. 이해는 현존재의 가장 근원적 개시성이다. 현존재가 실존함과 동시에 이미 죽음 가능성 가운데 던져져 있다는 것, 즉 현존재의 피투적 현사실성을 개시하는 것은 불안이라는 정상성이다. 불안 현상에서 보았듯이, 불안거리는 '세계-내-존재 자체'이고, 불안의 이유는 현존재의 존재 가능이며, 불안해하는 것은 현존재 자신이다. 퇴락에서는 어떤가? 다시 말하면 일상적 세인의 죽음에 대한 태도는 어떤 것인가? 이것을 현존재의 일상성에서 살펴보면 다음과 같다.

5. 죽음에 이르는 존재와 현존재의 일상성

현존재의 일상성이란 세인의 일상성을 가리키고, 세인의 개시성은 정상적 이해, 즉 기분에 젖은 이해를 의미한다. 이 세인의 일상성 속에서 '가장 독자적이고, 몰교섭적이고, 뛰어넘을 수 없는 절대적 가능성인 죽음'은 어떻게 개시되는가? 다시 말하면 세인이 보는 죽음은 어떤 것인가?

세인은 모든 사람이면서 아무도 아닌 자이다. 그는 '사람은 누구나 죽는다'는 말을 입에 물고 다닌다. 그는 '그러나 당장은 자기 자신에게는 해당되지 않는다'고 자위하면서 독자적 가능성인 죽음을 회피하도록 유혹하고 은폐한다. 타자의 죽음에 대해서도 세인은 죽음의 절대적 불가능성을 은폐하도록 위로한다. 그뿐 아니라

〈죽음을 생각한다〉는 것만으로도 공공적으로는 이미 겁에 질린 공포, 생존의 불확실성, 음울한 세계도피로 간주된다. 세인은 죽음 앞에서의 불안에 대해 용기를 내지 못하도록 한다. (…) 세인은 이 불안을 역전시켜서 다가오는 한 사건에 대한 두려움이라고 배려한다. 그뿐더러 이렇게 두려움으로 화해서 애매해진 불안은, 자신 있는 현존재라면 알아서는 안 될 나약함이라고 치부한다. 세인의 소리 없는 명령에 〈청종〉하는 것은, '사람은 죽는다'는 〈사실〉에 대해 무관심한 평정(平靜)이다. 그런 〈태연한〉 무관심을 기르게 되면 현존재는 가장 독자적이고 몰교섭적 존재 가능으로부터 소외된다.[12]

"유혹, 안주 및 소외는 퇴락의 존재양식이다. 죽음에 이르는 일상적 존재는 퇴락하는 존재로서 죽음으로부터의 부단한 도피이다."[13] 퇴락의 경향에 따라 세인이 보는 죽음은 정면으로 대하는 죽음이 아니라 회피하고 은폐하고 유예시키고 타자에게나 해당되는 것으로 간주하는 그런 것이다. 세인에게는 죽음은 회피의 대상이다. 그러나 평균적 일상성에 있어서도 죽음은 여전히 '가장 독자적이고, 몰교섭적이며, 뛰어넘을 수 없는 존재 가능'이다.

---

[12] 362쪽(S. 254).   [13] 363쪽(S. 254).

6. 종말에 이르는 일상적 존재와 죽음의 완전한 실존론적 개념

이제 세인의 회피하고 은폐하는 죽음이 아니라—그것도 '가장 독자적이고, 몰교섭적이며, 뛰어넘을 수 없는 존재 가능'이라는 점에서는 마찬가지이지만—죽음의 '완전한 실존론적 개념'을 획득할 필요가 있다. 하이데거는 이것을 위해 '죽음에 이르는 일상적 존재'를 '보충적으로 해석'하여, 세인의 죽음에 대한 태도, 특히 죽음의 확실성에 대한 태도를 분석하여 죽음의 성격을 더 분명하게 천명한다. 세인은 죽음을 회피하고 은폐한다고 했거니와, 여기서 검토되는 것은 세인이 보는 죽음의 확실성이다.

〔언젠가 올〕〈그〉죽음이 다가오는 것은 확실하다고 사람들은 말한다. 세인은 그렇게 말은 하면서도, 죽음이 확실한 것일 수 있기 위해서는 그때마다 자기의 죽음 자체가 가장 독자적 몰교섭적 존재 가능임을 확신하고 있어야 한다는 것은 간과하고 있다. 죽음이 확실하다고 말은 하지만, 이 말로써 사람들이 현존재 속에 심어놓는 것은, 마치 현존재 자신이 자기의 죽음을 확신하고 있는 듯한 가상이다.[14]

세인은 죽음이 확실하다고 말하면서도 실지로는 그것을 확신하고 있지는 않다는 것이다. 확신한다는 것은 '진리로서 고수한다'는

---

14 366쪽(S. 257).

것인데 세인으로서의 '종말에 이르는 일상적 존재'는 죽음을 '오기는 오겠지만 당장은 아직 아니다'라고 회피하기 때문에 그것을 확신하지는 못한다. 세인이 보는 죽음의 확실성은 고작 경험적〔또는 통계적〕확실성에 불과하다.

죽음은 언제든지 급박하게〔갑자기〕올 수 있는 무규정적인 것이다. 이 점을 고려하여 죽음은 이렇게 획정(劃定)될 수 있다:

> 현존재의 종말로서의 죽음은 현존재의 가장 독자적이고, 몰교섭적이고, 확실하고, 그 자체로서 무규정적이고, 건너뛸 수 없는 가능성이다. 죽음은 현존재의 종말로서, 자기의 종말에 이르는 이 존재자의 존재 속에 있다.[15]

그러나 이 규정은 '죽음에 이르는 일상적 존재'인 세인으로부터 출발해서 도달한 죽음에 대한 규정이다. 다시 말하면 그것은 비본래적 존재에 입각한 규정이다. '비본래성은 그 근저에 본래성을 가지고 있다.' 우리는 이제 이 본래성에 입각한 죽음의 규정을 검토해야 한다.

---

15 368쪽(S. 258f.).

7. 죽음에 이르는 본래적 존재의 실존론적 기투: 죽음에로의 선구

그 규정은 어떤 것인가? 현존재의 본래성은 다음 제2장의 주제이지만, 먼저 죽음에 이르는 존재의 본래성에 관한 하이데거의 문장을 인용하기로 한다.

> 현존재는 개시성에 의해, 즉 정상적 이해에 의해 구성되어 있다. 죽음에 이르는 본래적 존재는 가장 독자적이고 몰교섭적인 가능성 앞에서 회피할 수도 없고, 이렇게 도피하면서 그 가능성을 은폐할 수도 없으며, 세인의 상식에 맞추어 해석을 바꿀 수도 없다. 따라서 죽음에 이르는 본래적 존재의 실존론적 기투는 그런 [본래적] 존재의 계기들을 밝혀내야 한다. 그 계기들이란 죽음에 이르는 본래적 존재를 상술한 [가장 독자적이고, 몰교섭적…] 가능성에 임하여 도피하지 않고 은폐하지 않는 존재라는 의미에서 '죽음의 이해'로서 구성하는 것이다.[16]

이 인용문에 따르면 죽음에 이르는 본래적 존재란 '가장 독자적이고, 몰교섭적 (…) 가능성'으로서의 죽음 앞에서 세인의 경우처럼 회피하거나 은폐하지 않고, 그 가능성을 다름 아닌 자기 자신의 '죽음의 이해'로서 구성하는 것이다. 그것은 죽음 가능성의 실현을 기대하는 것, 기다리는 것이다. 기대는 가능한 것을 실재적인 것 속으

---

[16] 371쪽(S. 160).

로 이끌어가는 것이다.

그러나 '죽음에 이르는 존재'로서 '가능성을 향한 존재'는, 죽음이 이 존재에 있어서 또 이 존재에게 가능성으로서 노정되도록 그렇게 죽음에 대해 태도를 취해야 한다. 가능성에 이르는 그런 존재를 우리는 술어상(術語上) 가능성 속으로 앞질러간다(선구, *vorlaufen*)고 표현한다.[17]

그러나 죽음이 실재적인 것으로 실현되기를 기대하는 사람은 아무도 없다. 죽음 앞에서 불안에 떨면서 죽음을 삶의 반면교사로 삼아 매순간 자기를 돌아보는 계기로 삼을 수밖에 없다. 그러기 위해서는 죽음 앞에 바싹 다가갈 필요가 있다. 이것을 '죽음에로의 선구'라 한다. 즉 죽음의 가능성이 회피하거나 은폐할 수 없는 확실한 가능성으로서 노정되도록 그렇게 태도를 취하는 존재를 '선구'(先驅)라 한다. "선구는 가장 독자적이고 가장 극단적인 존재 가능을 이해할 가능성으로서, 다시 말하면 본래적 실존의 가능성으로서 입증된다."[18] 선구는 본래적 실존의 가능성이다.

본래적 실존의 존재론적 틀은 죽음에로의 선구의 구체적 구조를 밝혀내면 틀림없이 보여질 것이다. 이 구조의 형식적 한정(限定)은 어떻게 수행되는가? 그것은 분명히 우리가 선구적 개시작용의 여러 성격을 규정함으로써 수행된다. 그런데 선구적 개시작용이 가장 독자적이

---

[17] 373쪽(S. 262). [18] 374쪽(S. 263).

고, 몰교섭적이며, 뛰어넘을 수 없고, 확실하지만 그 자체로서는 무규정적인 가능성의 순수한 이해가 될 수 있기 위해서는, 그 성격들이 개시작용에 속해 있지 않으면 안 된다.[19]

죽음에로의 선구를 통해 본래적 실존은 어떻게 이해되는가? 선구는 죽음의 가능성을 어떻게 개시하는가? 아래에서 나는 죽음의 가능성의 제 성격으로서 하이데거가 열거하는 것을 그 순서에 따라 간단히 소개한다.[20] ① 죽음은 현존재의 **가장 독자적** 가능성이다. 가장 독자적 가능성이라는 점에서 현존재는 선구적이므로 세인과 절연(絶緣)할 수 있다. ② 가장 독자적 가능성은 **몰교섭적인** 것이다. 선구는 현존재가 죽음을 자기 혼자서 자기 편에서 인수하지 않으면 안 된다는 것, 즉 현존재는 단독적 존재일 수밖에 없다는 것을 개시한다. ③ 가장 독자적이고 몰교섭적인 가능성은 뛰어넘을 수 없는 가능성이다. 죽음은 결코 뛰어넘을 수 있는 것이 아니다. 그러나 선구는 이 뛰어넘을 수 없는 가능성을 향해 자기를 열어놓는다. 그렇게 해서 선구는 이 가능성 앞에 펼쳐져 있는 현사실적 가능성을 본래적으로 이해하고 선택하게 된다. 죽음의 이 뛰어넘을 수 없다는 성격 때문에 현존재의 전체성도 보장되려니와 또한 현존재의 존재가 유한한 것이 되기도 한다. ④ 가장 독자적이고 몰교섭적이며 뛰어넘을 수 없는 가능성은 확실한 가능성이다. 이 가능성의 개시성은 '선구적으로 가능하게 하는 데' 근거한다. 죽음의 확실성은 죽음 자체에

---

[19] 374쪽(S. 263). [20] 375쪽 이하(S. 263f.).

있다기보다는 오히려 죽음에 대한 현존재의 확신에 있다. 죽음의 확실성의 개시는 근원적으로는 현존재의 존재이해, 즉 현존재의 개시성에 있기 때문이다. ⑤ 가장 독자적이고 몰교섭적이며 뛰어넘을 수 없는 가능성은 확실성의 점에서는 **무규정적**이다. 죽음의 무규정성은 죽음이 언제 닥쳐올는지 모른다는 것이다. "무규정적이지만 확실한 죽음에로 선구함에 있어 현존재는 자기의 '현' 자체에서 발원하는 부단한 위협에 대해 자기를 열어놓고 있다."[21] 그러나 현존재는 이 무규정적 죽음의 위협에 대해 불안해한다. 죽음에 이르는 존재는 본질적으로 불안하다. 하이데거는 '실존론적으로 기투된 죽음에 이르는 본래적 존재의 성격'을 다음과 같이 요약한다:

> 선구는, 현존재에게 〔그가〕 '세인-자기' 속에 상실되어 있음을 드러내고, 현존재를 〔세인-자기로부터 끌어내어〕 배려적 고려에 일차적으로 의존하지 않고 그 자신으로 있을 가능성 앞에 직면시킨다. 그러나 그 〔현존재〕 자신이란, 세인의 환상으로부터 해방된 정열적이고, 현사실적이고, 자기 자신을 확신하고, 불안해하고 있는 〈죽음을 향한 자유〉 가운데 있는 자신이다.[22]

이렇게 해서 실존론적이고 본래적인 죽음에 이르는 존재의 존재론적 가능성이 분명해진 것이다. 동시에 현존재의 전체 존재 가능도 확보된 셈이다. 그러나 이것은 어디까지나 존재론적-실존론적 가능성이지 존재적-실존적 가능성은 아니다. 실존적으로는 여전히 공상

---

21 378쪽(S. 265).　　**22** 379쪽(S. 266).

에 불과할 수 있다. 사람은 죽어볼 수 없기 때문이다. 실존론적 가능성에 상응하는 실존적 가능성이 현존재 자신으로부터 입증되어야 한다. 이를 위해서도 우리는 다음 제2장에서 현존재의 본래성이 실존적으로 증거됨을 검토하고자 하거니와, 거기에서 현존재의 본래성과 함께 그 전체성도 보증되는 현상적 지반을 얻게 될 것이다.

제2장 본래적 존재 가능의 현존재적 증언과 결의성

제2장의 과제 : 양심

제1장에서부터 우리가 탐구하고 있는 것은 현존재의 근원성, 즉 현존재의 존재의 전체성과 본래성이다. 그 중 전체성은 종말로서의 죽음이 보장한다는 전제 하에 현존재를 '죽음에 이르는 존재'로서 파악하고, '죽음에 이르는 본래적 존재의 실존론적 기투'를 '죽음에로의 선구'라고 했다. 선구가 현존재의 전체성을 보증하는 것이다. 그러나 죽음에로의 선구는 죽음의 실존론적-존재론적 가능성을 구명한 것이므로 거기에 대응하는 실존적 존재 가능이 현존재로부터 증거되지 않으면 안 된다. 이것을 증거하는 것은 양심이다.

그리하여 제2장의 문제는 양심 분석을 통해 현존재의 본래적 실존적 가능성을 증거하는 것이다. 이 선구와 본래성을 가지고 하이데거는 현존재의 존재의 근원성—그것을 선구적 결의성 또는 본래적 전체성이라고 한다—을 확보한다. 현존재의 본래성은 비본래성을 지양(止揚)하는 것이다. 사람은 누구나 일상적으로는 비본래적으로 산다. 비본래성이야말로 사실은 세상살이의 구체적 양상이다. 그러나 비본래적 삶에서 사람은 자기 자신을 망각한다. 그러므로 "본래성을 만회하는 길은 오직 현존재가 세인 속에 상실된 자기를 독자적 자기 자신으로 되돌려 오는 것(復己)뿐이다."¹ "세인으로부터 자기를 되돌려 오는 것, 즉 본래적 자기 존재로 세인-자기를 실존적으로 변양하는 것, 그것은 (세인으로 향했던) 선택의 만회로서 수행되지 않으면 안 된다."²

본래성이란 따라서 자신의 존재 가능으로 자기를 되돌려서 독자적 자기로 되는 존재양식이다. 이것을 불교적으로 말하면 세속에 안주하는 것을 단념하고 본연의 자기로 돌아오는 것이고, 유교적으로 말하면 극기복례(克己復禮)이다.

그러나 현존재는 세인 속에 상실되어 있기 때문에, 먼저 자기를 찾지 않으면 안 된다. 도대체 (현존재가) 자기를 찾기 위해서는 (그) 현존재는 자기의 가능한 본래성에 있어서 자기 자신에게 〈제시되지〉 않으면 안 된다. 현존재는 그 가능성을 좇아서 그때마다 이미 그로서 있는 바, 하나의 자기 존재 가능을 (스스로) 증거할 필요가 있다.³

회복되어야 할 현존재는 그 가능한 본래성에 있어서 자기 자신에게 제시되어야 하는데, 그렇게 제시해주고 내면으로부터 증언해주는 것은 무엇인가? 하이데거에 따르면 그것은 양심의 소리(Stimme des Gewissens)이다. 비본래적·일상적 현존재를 본래적 현존재로 돌려놓는 것은 양심(Gewissen)이다. 그가 말하는 양심은 오로지 현존재의 실존 안에서만 현사실적으로 있는 것이지 객관적·전재적으로 있

---

1 382쪽(S. 268). 2 같은 곳. 3 같은 곳.

는 것이 아니다. 양심에 대한 그의 해석도 심리학적이거나 법률적인 것이 아닐 뿐 아니라 종교적인 것도 아니다.

양심은 내면으로부터 증언한다. 즉 양심은 개시작용이기도 하다. 양심의 개시성을 하이데거는 이렇게 말한다.

> 양심은 〈어떤 것〉을 알아차리게 한다. 즉 양심은 개시한다. (…) 그때마다 우리들 자신인 이 존재자〔현존재〕의 근본 틀을 구성하는 것은 정상성, 이해, 퇴락 및 말이다. 양심을 더 파고 들어가서 분석하면 양심은 곧 부름(*Ruf*)이라는 것이 드러난다. 부름은 말의 한 현상이다. 양심의 부름은 현존재를 그의 가장 독자적 존재 가능으로 불러낸다(*Anruf*)는 성격을 가지고 있으며, 불러낸다는 것은 현존재를 그가 독자적으로 책(責)을 지고 있다는 데로 불러일으킨다(*Aufruf*)는 방식을 취한다.[4]

이 제2장의 과제는 크게 두 가지이다. 첫째는 양심이 현존재의 본래적 존재 가능을 증거한다는 것이다. 양심의 부름은 소리 없는 내면의 부름이고 거기에 대응하는 것 또한 내면으로 듣는 것이다. 둘째는 양심이 개시하는 것은 현존재가 본질적으로 '책을 지고 있다'(Schuldsein)는 것이다. '책을 지고 있다'는 말은 좀 어색하게 들릴는지 모르나, 그리스도교에서 말하는 '원죄인' 개념을 떠올리면 쉽게 이해될 수 있을 것이다. 거기에 따르면 아담과 이브 이후 사람은 원

---

[4] 384쪽(S. 369).

초적으로 죄인이다. 그렇기 때문에 사람은 누구나 하느님의 구원 아래에서만 죄를 사함 받을 수 있다.

하이데거는 현존재가 '책을 지고 있다'는 것을 현존재가 본질적으로 자기의 힘으로는 어쩌지 못하는 존재 틀을 가지고 있다는 데서—피투적 현사실성에서—찾는다. 현존재는 피투적 현사실적으로 실존하므로, 거기에는 '어쩌지 못함'이 침투해 있다. 기투를 말하는 경우에도 그 기투는 피투적 기투인 것이다. 선구가 기투 쪽을 주목한 것이라면 양심은 피투성에 뿌리박고 있다.

양심의 부름의 이해는 현존재로 하여금 본래적 자기를 택하게 한다. 그것을 하이데거는 '양심을 가지려는 의지'라 한다. 자신의 양심에 의해 현존재 속에 증거된 본래적이고 두드러진 개시성을 하이데거는 결의성(Entschloßenheit)이라 한다. 이 결의성에서 현존재의 본래적 존재 가능이 확보되는 것이다.

1. 양심의 부름의 성격

양심은 어떤 방식으로든 무엇인가를 사람들에게 알아차리게 한다고 했다. 이것은 양심의 개시성을 가리킨다. 현존재의 개시성에는 정상성, 이해, 퇴락 및 말이 있다 함은 누차 설명한 바 있다. 양심의 개시성은 야단스럽지 않고, 애매하지 않고, 호기심에 의존하지 않건만 그럼에도 양심은 비본래적 세인-자기를 매개 없이 흔들어서 본래적 자기로 불러일으킨다. 그러므로 양심의 개시성은 더 근원적인 개시성이다. 개시성 중에서 하이데거가 특히 주목하는 것은 양심의 소리 없는 말(Rede)이다. 말에는 들음이 대응한다. 양심의 말은 소리 없는 내면의 말이고, 따라서 그 들음도 내면의 들음이다. 그러나 그 양심의 부름과 들음도 본래적 자기로 돌아오고자 하는 자, '양심을 가지려는 의지를 가진 자'라야 들을 수 있는 것이다.

양심의 부름으로 부름받는 자는 누구인가? 말할 것도 없이 비본 래적 세인-자기이다. 어디를 향해 이 세인-자기가 부름받고 있는 가? 고유한 자기 자신을 향해. 이런 사정을 하이데거는 아래와 같이 구체적으로 서술하고 있다:

> 세인-자기의 그 자기만이 부름받고 [그 부름을] 듣게 되기 때문에 세인은 스스로 붕괴된다. 부름이 현존재의 공공적 피해석성과 세인을 무시하는 것은, 부름이 그런 것들과는 함께 마주치지 않는다는 의미가 아니다. 바로 이 **무시함** 속에서 부름은 [재산, 지위, 명예 등] 공공적 명망에 집착하는 세인을 무의의성 속으로 밀어붙인다. 그러나 자기는 이 부름 속에서 [세간적] 피난처와 숨을 곳을 빼앗기고, 부름에 의해서 자기 자신으로 돌아오게 된다.[5]

양심의 부름은 부름받는 자기에게 아무것도 말해주지 않는다. 양심의 부름은 도대체 정보적인 것이 아니다. 그것은 현존재로 하여금 모든 세간적인 것을 다 털어버리고 독자적 존재 가능으로 돌아오도

---

[5] 388쪽(S. 273).

록 불러내고 불러 세울 뿐이다. 부름은 침묵으로 말한다. "양심은 한결같이 오직 침묵의 양상으로만 말한다. (…) 〔양심은〕 부름받고 불러 세워진 현존재로 하여금 자기 자신에 대해 침묵하도록 강요한다."[6] 양심은 두 손을 가슴에 얹고 잘못을 참회하도록 한다. 그때 비로소 사람이 본래적으로 된다. 양심이 침묵으로 말한다고 해서 그 말이 불명료하거나 애매하지는 않다. 오히려 더 명료하다. 부름은 또 특정한 현존재를 지목해서 부르지도 않는다. 그럼에도 더러 양심의 부름에 착오가 생기는 것은 세인-자기가 그 부름을 잘못 받아들이고 잘못 해석하기 때문이다.

2. 마음씀의 부름으로서의 양심

"현존재는 양심 속에서 자기 자신을 부른다. (…) 현존재는 부르는 자이면서 동시에 부름받는 자이다."[7] "〔양심의〕 부름은 나의 내면으로부터 나오지만 나를 초월한다."[8] 양심의 부름은 외부로부터 오는 것도 아니고, 계획해서 오는 것도 아니며, 어느 순간 갑자기 자기의 내면으로부터 불현듯 솟아올라서 나를 초월해서 나를 향해 침묵으로 질타한다. 그래서 흔히 양심을 '현존재 속으로 솟아 들어오는 생소한 힘'이라고 한다. 질타당하는 현존재는 세인으로 던져져 있는 자이다. 현존재는 던져진 자로서 기투적으로 있을 수 있는 바와 같이 또

---

6 389쪽(S. 273).   7 391쪽(S. 275).   8 392쪽(S. 275).

한 현사실적으로 실존한다. 그런 현존재의 존재는 마음씀이다. 마음씀이 양심을 부른다.

현존재의 피투성을 개시하는 것은 정상성이거니와, 그 중에서도 양심의 부름을 진정으로 개시하는 것은 불안이라는 정상성이다. "불안은 세계-내-존재를 세계의 무 앞에 세운다. 이 세계의 무 앞에서, 현존재는 자기의 가장 독자적 존재 가능에 대한 불안 속에서 스스로 불안해한다."[9] 이것을 하이데거는 아래와 같이 서술한다:

> 양심은 마음씀의 부름이라는 것이 명백해졌다: 부르는 자는, 피투성(…내에 이미 있음) 속에서 자기의 존재 가능 때문에 스스로 불안해하고 있는 현존재이다. 부름받는 자는 자기의 가장 독자적 존재 가능(자기를 앞지름)을 향해 불러일으켜진 바로 그 현존재이다. 그리하여 현존재는 불러냄을 통해 '세인 속으로의 퇴락'(배려되는 세계에 몰입해서 이미 있음)으로부터 불러일으켜지는 것이다. 양심의 부름, 즉 양심 자체는 그 존재론적 가능성을 '현존재는 그의 존재의 근거에 있어서 마음씀이다'라는 데 가지고 있다.[10]

양심의 부름을 받는 자는 피투성 속에서 자기의 존재 가능 때문에 불안해하는 현존재이다. 현존재가 만일 혼자 살고 있다면 양심의 거리낌도 불안도 없을 것이다. 타자와의 공동존재 속에 있는 불안한 현존재라야 양심의 부름을 받는다. 그런 현존재라야 타자와의 공동

---

[9] 393쪽(S. 276).   [10] 395쪽(S. 277f.).

존재인 현존재로서 독자적 존재 가능을 향해 불러일으켜 세워지는 것이다. 그는 대중 속에 있으면서 고독하게 자기의 내면 속으로 파고드는 자이다.

양심의 부름은 침묵으로 말하면서도 엄격하고 명료하다. 부르는 자도 현존재이고 듣는 자도 현존재 자신이라고 한다면, 그 부름을 올바로 듣기 위한 본질적 존재양식이 있어야 할 것이다. 그 존재양식은 양심의 부름이 가진 개시성, 즉 '무엇을 알아차리게 한다'는 것을 검토함으로써 밝혀질 것이다.

3. 양심의 부름의 이해와 책(責)

양심의 부름을 '이해하면서 들은 것'을 포착하기 위해서는 양심의 부름의 구조를 파악할 필요가 있다. 부름의 구조를 다시 정리하면 이렇다:

> 부름이 세인-자기를 불러낸다는 것은, 가장 독자적인 자기를 그의 존재 가능을 향해 불러일으키는 것, 더욱이 배려하는 세계-내-존재 및 타자와의 공동존재인 현존재로서의 존재 가능을 향해 불러일으키는 것을 의미한다.[11]

---

11 398~399쪽(S. 280).

여기에서 문제되는 것은 양심의 부름을 받아 불러일으켜 세워지는 자기―즉 현존재의 현사실적 피투성―와 부름이 거기를 향해 불러일으키는 '본래적 존재 가능'에 대한 실존론적 해석이다.

양심의 부름은 어디에서 부르는가, 즉 부름의 출처는 어디인가? 또 어디로 불러내는가? 부름은 피투적 현존재의 으스스한 불안으로부터 온다. 그리고 그 현존재를 가장 독자적 존재 가능으로 불러낸다. 부름은 우리를 현존재의 현사실적 피투성[세인-자기]으로부터 불러내어서 본래적 존재 가능으로 불러들인다.

> 현존재는 현사실적-퇴락적 세인으로서의 자기 자신을 [불안의] 으스스함으로부터 자기의 존재 가능을 향해 불러낸다. 불러냄은 앞으로 불러내면서 도로 불러들인다. 앞으로[불러냄이]라 함은, 현존재가 실존하면서 피투적 존재자를 스스로 인수하는 가능성 속으로 [불러들이는 것]이며, 도로[불러]들임이란 피투성 속으로 [불러내는 것]이다.[12]

그렇게 하면서 부름은 개시성으로서 무엇을 알아차리게 한다. 부름은 무엇을 개시하는가? 그것은 현존재가 '책(責)을 지고 있다'는 것이다. '책을 지고 있다'는 말의 의미를 해석하는 전제로 그는 두 가지를 제시한다. 하나는 그 해석이 일상적 비본래적 현존재의 존재 양식에서 출발한다는 것이고, 다른 또 하나는 '책을 지고 있다'의 근원적 실존론적 의미를 판별하는 준거가 '나는⋯이다'라는 술어 형식

---

12 408~409쪽(S. 287).

을 취한다는 것이다. 전자는 그 책의 현상을 일상성에 입각해서 실존적으로 해석한다는 것이고, 후자에 대한 언급은 하이데거가 '책'을 논하는 경우 대개는 도덕적·법률적으로, 즉 당위명제로 말하기 쉬운데 자기는 그렇게 규범적으로 해석하지 않고, 실존론적 존재론적으로 해석하겠다는 의도의 천명이다.

현존재가 일상적 존재양식에서 '책을 지고 있다'는 것은 두 가지로 예시된다. 첫째, '빚을 지고 있다'에서 볼 수 있다. 이것은 〈누구에게 무엇을 빌리고 있다〉는 의미로 받아들여진다. 사람들은 타자가 청구권을 갖고 있는 것을 그에게 돌려줄 의무를 진다. 그것은 현존재가 타자와 함께 있는 한 방식이다. 둘째, '책을 지고 있다'는 어떤 것의 원인 또는 유인이 되고 있다는 뜻이다. 가령 어린아이에게 심부름을 시켜서 결과적으로 그 아이가 길을 잃고 헤맨다면 그 '책'은 심부름을 시킨 자에게 있다. 또 남을 시켜 나를 대신해서 돈을 빌려 오라고 했다면 그 채무의 '책' 또한 그렇게 시킨 자에게 있다. 첫째 경우와 둘째 경우는 서로 어우러져서 범죄를 구성할 수 있고, 법률적 처벌을 받을 수 있다. 그것은 타자의 현존재 속에 어떤 '결핍'을 야기하는 근거가 될 수 있기 때문이다. 하이데거에 따르면 그러나 결핍 현상은 '마땅히 있어야 할 것이 전재하지 않음'을 가리킨다. 즉 그것은 전재자의 한 존재규정이다. 그러나 현존재의 실존은 본질적으로 전재자가 아니므로 그에게는 결핍이란 있을 수 없다. 따라서 결핍을 가지고 현존재의 '책을 지고 있음'을 해명할 수는 없다. 일상성에서 출발하는 해석이라 하더라도 전재적 해석으로는 현존재가 '책을 지고 있다'는 것에 대한 해석으로는 적합하지 않다.

하이데거의 '책을 지고 있다'의 해석은 실존론적이다. 책의 현상의 해명은 '책을 지고 있다'의 이념이 현존재의 존재양식에 근거해서 파악될 때만 성공할 수 있다. 그런데 현존재의 존재는 마음씀이다. 마음씀에는 현사실성(피투성), 실존(기투) 및 퇴락이 속한다. 현존재는 던져져서 현사실적으로 실존(기투)한다.

> (…)—그가 존재하는 동안—현존재는 부단히 마음씀으로서의 그의 〔피투적〕〈사실〉(Daß)로 있다. 이런 존재자로서, 즉 자기에게 맡겨져서 존재하는 유일한 존재자로서, 현존재는 실존할 수 있고, 실존하면서 자기의 존재 가능의 근거로 있다.[13]

현존재는, 피투적 현사실적 세계-내-존재이므로, 비록 자기의 존재 근거를 자기 스스로 놓지는 못하지만 자기의 존재 가능을 스스로 기투하는 자로서 자기의 존재 근거이지 않으면 안 된다. 다시 말하면 현존재는 자기의 존재 근거를 자기 이외의 다른 곳에서 가져오지 않으면서, 실존하는 존재자로서는 자기의 존재를 스스로 기투하지 않으면 안 된다. 현존재는 자기 자신이 실존〔기투〕하면서 자신의 존재 근거를 스스로 인수하지 않으면 안 된다. 여기서 말하는 "근거란 언제나 어떤 존재자의 근거, 즉 그 존재자의 존재가 곧 근거임을 인수하는 그런 존재자의 근거일 뿐이다."[14]

---

[13] 405쪽(S. 284).　[14] 409쪽(S. 285).

〔현존재 자신이〕 근거존재(Grundsein)라 함은, 자기의 가장 독자적 존재를 근본적으로는 결코 좌우하지 못 함을 의미한다. 이 아님(*Nicht*, 못함)은 피투성의 실존론적 의미에 속한다. 근거로 있으면서 현존재 자신은 자기 자신의 한 무력성(Nichtigkeit)으로 있다. 〔현존재 자신의〕 무력성은 결코 〔그의〕 비전재적 존재, 비존립을 의미하지 않고, 현존재의 이 존재, 즉 그의 피투성을 구성하지 '못함'을 말한다. 이 '아님'의 아님 성격은 실존론적으로는 '현존재는 자기 존재이면서 그 자기로서 〔동시에〕 피투적 존재자이다'라고 규정된다.[15]

4. 부정(否定)의 근원으로서의 실존론적 '어쩌지 못함'

위 인용문에서 '아님' 또는 '못 함'이라고 번역한 Nicht는 명제 차원에서는 '부정'이지만 실존론적으로는 현존재 자신의 힘으로는 '어쩌지 못함'을 의미한다. 이 무력성(無力性)이 현존재의 피투성에 침투되어 있는 것은 말할 것도 없다. 그뿐 아니라 기투에도 무력성은 들어 있다. 왜냐하면 하나의 가능성에 대한 기투는 동시에 다른 가능성에 대한 단념인데 거기에는 '못 함'의 무력의 성격이 침투되어 있기 때문이다. 이와 같이 현존재는 기투로서도 본질적으로 무력적〔無力的; 못 함〕이다. "현존재는 또한 그때마다 언제나 퇴락으로서 있거니와, 피투성은 퇴락 가운데 있는 이 비본래적 현존재의 무력성의

---

15 406~407쪽(S. 284).

가능근거이다."¹⁶ "마음씀 자체는 그 본질에 있어서 철저하게 무력성에 의해 침투되어 있다."¹⁷ 현존재의 세 구조계기마다 제각기 무력함〔어쩌지 못함〕이 침투되어 있기 때문에 사실 현존재는 무 속에 들어박혀 있는 셈이다. 이 무력성으로 인해 현존재는 그 자체로서 '책을 지고 있는' 것이다. 현존재가 '책을 지고 있는' 근본 이유는 그의 존재가 현사실적 피투적 실존이라는 데, 즉 무력적이라는 데 있다. 그리고 존재론적 무(無, Nichts)도 궁극적으로는 이 실존론적 '어쩌지 못 함'에서 연유한다.

양심의 부름에 대응하는 것은 들음이다. 그렇다면 양심의 부름을 자기의 내면의 소리로서 올바로 듣는 것은

> 자기의 가장 독자적 존재 가능에 있어서 자기를 이해하는 것, 즉 가장 독자적 본래적으로 '책을 지게 될 수 있음'을 향해 자기를 기투하는 것과 같다. (…) 현존재는 부름을 이해하면서 자기의 가장 독자적 실존 가능성에 청종(聽從)한다. 현존재는 자기 자신을 선택한 것이다.¹⁸

달리 말하면 양심의 부름을 이해하는 것은 본래적 자기를 선택하는 것이다. 그것을 하이데거는 '양심을 가지려는 의지'(Gewissen-haben-wollen)라고 한다. "양심을 가지려는 의지는 현사실적으로 책을 지게 될 가능성에 대한 가장 근원적 실존적 전제이다."¹⁹

---

16 406쪽(S. 285). **17** 같은 곳. **18** 410쪽(S. 288). **19** 같은 곳.

5. 결의성

위에서 우리는 부름의 본래적 이해를 '양심을 가지려는 의지'라고 파악했다. 이제 현존재의 '본래적 존재 가능'의 실존론적 구조가 밝혀져야 한다. 그런데 '양심을 가지려는 의지'는 가장 독자적 존재 가능에서의 자기 이해로서 현존재의 개시성의 한 방식이다. 개시성을 구성하는 것은 이해, 정상성 및 말〔또는 퇴락〕이거니와, 양심의 부름에 대한 정상적 이해〔기분에 젖은 이해〕는 현존재 자신이 으스스함 앞에 직면해서 불안해하는 것이다. '양심을 가지려는 의지'는 불안에 대한 준비이다. 양심의 부름은 현존재를 부단한 '책을 지고 있음' 앞에 세우는데, 그 '말'은 침묵이다. 거기에 대응하는 들음은 현존재가 자기의 가장 독자적 존재 가능을 알아차리는 것이다.

따라서 '양심을 가지려는 의지' 속에 놓여 있는 현존재의 개시성은, 불안의 정상성, 가장 독자적 책임 존재〔책을 지고 있음〕를 향한 자기 기투로서의 이해 및 침묵으로서의 말에 의해 구성되어 있다. 자신의 양심에 의해 현존재 속에 증거된 본래적이고 두드러진 개시성—가장 독자적으로 '책을 지고 있음'을 향해 말없이 불안에 대비하는 기투—을 우리는 결의성(*Entschloßenheit*)이라 한다.[20]

"결의성은 현존재의 한 두드러진 개시성이다."[21] 결의성은 현존재

---

20 422쪽(S. 296f.).   21 같은 곳.

의 본래성을 선택하는 개시성이므로 실존론적으로 근원적 진리(*ursprüngliche Wahrheit*)이다. 이 근원적 진리와 관련해서 보면 본래적 현존재는 진리 가운데 있게 된다. 이제 결의성과 더불어, 본래적이기 때문에 또한 가장 근원적인 현존재의 진리가 획득된다. 그리하여 결의성은 본래적 개시성이다. 결의성이란 세인 속의 자기 상실로부터 가장 독자적 '책을 지고 있음'을 향해 자기를 불러일으켜 세우는 것을 말한다. 그것은 마음씀의 본래성이다.

'현'의 개시성은 세계-내-존재를 전체적으로 개시한다. 그런데 결의성은 본래적 개시성이라고 한다. 세계-내-존재를 전체적으로 본래적으로 개시한다는 것은 그러면 어떤 것인가?

> (…) 이 본래적 개시성〔즉 결의성〕은, 그 개시성 속에 기초를 둔 〈세계〉의 피발견성과 타자의 공동 현존재의 개시성을 등근원적으로 변양시킨다. 그렇다고 해서 용재적 〈세계〉가 〈내용상〉 다른 세계로 되는 것도 아니고 타자들의 무리가 〔하루 아침에〕 교체되는 것도 아니지만, 용재자에 대해 이해하고 배려하는 존재와 고려하면서 만나는 타자와의 공동 존재가, 이제 이 양자의 독자적 자기 존재 가능에 입각해서 〔새로〕 규정되는 것이다.[22]

실존적으로 결의성은 '본래적 자기 존재'를 개시하지만 그렇다고 이 본래적 현존재를 세계로부터 유리하여 고립시키는 것은 아니다.

---

22 423쪽(S. 298).

도리어 "본래적 개시성으로서의 결의성은 세계-내-존재를 떠나서는 달리 본래적으로 있을 수도 없다. 결의성은 [현존재의] 자기를 용재자에 몰입해서 배려하는 그때그때의 그 존재 속으로 끌고 들어오고, 또 그 자기를 고려하면서 만나는 타자와의 공동 존재 속으로 밀어 넣는다."[23] 출세간(出世間)이 곧 입세간(入世間)인 것이다. 도를 깨쳤다고 해서 우리가 사는 세간을 떠나서 별천지에 사는 것이 아니라는 말과 같다. 세계와 현존재는 그 자체로는 진리도 아니고 비진리도 아니다. 현존재가 본래적 결의성에 입각해서 자기의 존재 가능을 선택하면 진리이고, 비본래적 세인-자기로 퇴락하면 비진리이다. 그뿐 아니라 본래적 자기 존재 가능을 향해 결의한 현존재도 다시 비결의성 속으로 돌아오고 만다. 이것과 관련해서 하이데거는 결의한 현존재의 존재양상을 자세하게 보여주고 있다.

결의한 현존재는 스스로 선택한 존재 가능의 궁극목적에 입각해서 세계를 향해 자기를 열어놓는다. 자기 자신에 대한 결의성으로 인해 현존재는 비로소 함께 있는 타자들로 하여금 그들의 가장 독자적 존재 가능에 있어서 〈존재〉하게 할 수 있게 하고, 모범을 보이면서 해방시켜주는 고려 속에서 그들의 존재 가능을 함께 개시할 수 있다. 결의한 현존재는 타자의 〈양심〉이 되기도 한다. 본래적 상호성은, 결의성의 본래적 자기 존재로부터 비로소 나오는 것이지, 사람들이 도모하는 일이나 세인의 애매하고 질투로 가득 찬 협정과 수다스런 친목(親

---

[23] 424쪽(S. 298).

睦)으로부터 나오는 것이 아니다.[24]

그러나 앞서 지적한 대로, 결의한 현존재는 곧 비결의적 일상적 세인-자기로 돌아간다. 현존재의 독자적 존재 가능은 피투적 존재 가능으로서 일정한 현사실적 가능성들을 향해 자기를 기투할 수 있을 뿐이기 때문이다. 현존재는 현사실적 피투성이라는 운명에서 벗어날 수 없다. 그러므로 결의성이라 하더라도 현존재로 하여금 그때그때 그의 상황 속에서 실존하도록 하는 것이다. 제2장의 목적은 현존재의 본래성을 실존적으로 결의해서 회복하는 데 있다.

---

[24] 424쪽(S. 298).

제3장 마음씀의 존재론적 의미로서의 시간성

제3장의 과제 : 현존재의 시간성

제3장은 『존재와 시간』의 정점이라고 해도 과언이 아니다. 제I편 '현존재의 예비적 분석'은 말할 것도 없고 제II편의 제1장과 제2장도 현존재의 존재인 마음씀의 존재론적 의미를 시간성으로 해석하기 위한 기초로서 선구적 결의성을 구명하는 데 바쳐졌다. 즉 제1장과 제2장을 통해서 하이데거가 추구해온 것은 '현존재의 본래적 전체 존재 가능'(das eigentliche Ganzseinkönnen des Daseins)이다. 현존재의 '죽음에 이르는 본래적 존재'(das eigentliche Sein zum Tode)는 실존론적으로 죽음에로의 선구로서 드러났고, '본래적 존재 가능'(eigentliche Sein-können)은 결의성으로서 제시되었다. 이 양자를 결합시켜서 하나의 통일적 현상으로 만드는 것이 당면한 과제이다.

현존재의 존재는 마음씀으로서 파악되었고, 마음씀 속에 함께 포함되어 있는 자기(Selbst)라는 현상에 대해서는 저 앞에서 비본래적 세인-자기로서 검토한 바 있거니와, 그것과는 달리 이 자기를 근원적 본래적인 차원에서 실존론적으로 한정할 필요가 있다. 이것이 이 장의 두 번째 과제이다.

현존재의 본래적 전체 존재 가능을 가능하게 하는 근원은 무엇인가? 즉 현존재의 존재를 가능하게 하는 것은 무엇인가? 그것은 현존재의 존재의미로서의 시간성이라는 것이다. 거꾸로 말하면 시간성이 비로소 현존재의 존재를 가능하게 한다. "현상적 근원적으로는, 시간성은 현존재의 본래적 전체존재에 즉해서, 즉 선구적 결의성에 즉해서 경험된다."[1] 그런데 시간성은 존재하는 것이 아니므로 '시간성이 있다'(Zeitlichkeit ist …)고 말할 수는 없고, 시간성이 스스로 시숙(時熟, sich zeitigen; 때 익는다)한다고 해야 한다. 시간성의 시숙은 탈자적이다. 시숙과 시간성의 탈자태에 대한 검토가 필요하다. 이런 시간성의 성격에 대한 검토가 이 제3장의 세 번째 과제이다. 끝으로 하이데거의 시간성에 대한 사유를 성찰함으로써 그 의의를 천명할 필요가 있다.

1. 선구적 결의성

죽음에로의 선구와 본래적 존재 가능을 위한 결의성은 형식적으로 선구적 결의성(*vorlaufende Entschloßenheit*)이라는 현상으로 통일될 수 있을 듯하다. 그러나 그것만으로는 아직 현존재의 존재에 대한 실존론적 분석의 근원성이 천명되었다고 하기 어렵다. 하이데거는 이렇게 말한다.

---

[1] 431쪽(S. 304).

두 현상의 외적 결합은 스스로 금지되어 있다. 방법적으로 유일하게 가능한 길로서 남아 있는 것은, 그 실존적 가능성에서 입증된 결의성의 현상에서 출발하여, 다음과 같이 묻는 것이다: 결의성은, 그 가장 독자적 실존적 존재경향 자체에 있어서, 선구적 결의성을 그 가장 독자적 본래적 가능성으로서 제시하는가?[2]

이 물음에 대해 하이데거는 스스로 물음의 형식으로 이렇게 대답하고 있다.

결의성이란, (…) 그 가장 극단적 가능성〔죽음〕을 향해 자기를 기투하는 것이라고 할 때 비로소 그 결의성은 본래성을 갖게 된다고 하면 어떤가? 현존재의 본래적 진리로서의 결의성은, 죽음에로의 선구에 있어서 비로소 자신에 속하는 본래적 확신에 도달한다고 하면 어떤가? 죽음에로의 선구에서 비로소 결의의 모든 현사실적 〈선구성〉이 본래적으로 이해된다고 하면, 즉 실존적으로 되돌려진다고 하면 어떤가?[3]

이 명제는 이렇게 요약할 수 있다. 즉 결의성의 입장에서, 그 결의성이 죽음을 향한 것이라고 하면 그 결의성은 본래적으로 되고, 선구의 입장에서, 죽음에로의 선구를 통한 결의라야 그 결의가 본래적으로 된다고 하면 이 양자의 통일은 내적으로 가능하지 않겠는가 하는 것이다. 그리하여 '선구'는 현존재를 그 극단적 가능성인 죽음

---

[2] 430쪽(S. 302).   [3] 같은 곳.

에 직면시킴으로써 그 본래성을 보증하고, '결의성'은 현존재가 자기 자신을 '죽음에 이르기까지' 개시한다. 하이데거는 '결의성'의 분석을 통해 그것이 '선구'에 이르는 것임을 천착한다. 이것을 '본래적 전체성'(eigentliche Ganzheit) 또는 '근원성'이라고도 한다.

선구적 결의성이라는 이 현상을 좀더 자세하게 검토하기 위해 우리는 먼저 선구적 결의성을 실존적으로 증거하는 데서부터 출발한다. 결의성에 관해서는 이미 앞에서 상세하게 설명한 바 있지만 이를 요약해서 다시 말하면 그것은 "가장 독자적으로 '책을 지고 있음'을 향해 불안을 감내(堪耐)하면서 말없이 자기를 기투하는 것"[4]이다. 그리고 '책을 지고 있음'은 현존재에 본질적으로 속하는 것으로서 ['책'은 있었다 없었다 하는 것이 아니라 현존재의 피투성이라는 구조에 속하는 것이다] 현존재가 가지고 있는 '무력성의 무적 근거존재' (nichtiger Grund*sein* einer Nichtigkeit) — 현존재의 구조계기에 무력성이 들어 있음은 상술한 바이지만 죽음을 자기 존재의 근거로 삼고 있다는 점에서도 현존재는 무력성을 가지고 있다 — 를 가리킨다. 결의성은 따라서 이 '책을 지고 있음'을 향해 자기를 기투하는 것이다. '양심을 가지려는 의지'는 이 '책을 지고 있음'을 인수하려고 결의한다.

현존재는 한편 '죽음에 이르는 존재', 즉 자기의 가장 극단적 존재가능을 향한 존재로서 파악되었다. 현존재를 '죽음에 이르는 존재'라고 파악하는 것은 현존재의 전체성을 확보하기 위한 것이다. 결의성이 현존재의 가장 극단적 가능성(죽음)을 향한 결의성이라고 한다

---

[4] 433쪽(S. 305).

면, 그 결의성은 현존재의 전체성을 보증하는 결의성일 수 있다.

결의성은 현존재를 그의 가장 독자적 자기 존재 가능으로 되돌려 온다. 독자적 존재 가능은, 가장 독자적 가능성인 죽음을 향해 이해〔기투〕하는 존재에 있어서 본래적으로 또 전체적으로 통찰된다.[5]

더 쉽게 설명하면 선구와 결의성의 결합은 이렇게 말할 수 있다: 결의성은 현존재가 —'존재하는 한', 즉 '죽음에 이르기까지'— '책을 지고 있다'는 데서 연원하는 양심의 소리로 인해 자기의 본래성을 개시하는 것이다. 그러면 거기에 선구의 본질적 요소가 포함되어 있음을 알 수 있다. 또 선구를 잘 성찰하면 거기에 결의성이 내포되어 있음도 읽어낼 수 있다.

현존재의 존재를 근원적으로 철두철미 지배하는 무력성은, 죽음에 이르는 본래적 존재에 있어서 현존재 자신에게서 드러난다. 선구는, 현존재의 전체적 존재의 근거에 입각해서 비로소 '책을 지고 있음'을 개현한다. 마음씀은 죽음과 책(責)을 등근원적으로 자기 속에 감추고 있다. 선구적 결의성이 비로소 '책을 질 수 있음'을 본래적으로 또 전체적으로, 즉 근원적으로 이해한다.[6]

이와 같이 '선구'는 현존재를 그 극단적 가능성인 죽음에 직면시

---

5 436쪽(S. 307).   6 435쪽(S. 306).

킴으로써 〔기투의 측면에서〕 그 본래성을 보증하고, 결의성은 현존재가 〔피투성의 측면에서〕 '책을 지고 있는' 존재자로서 자기 자신을 '죽음에 이르기까지' 개시한다. 현존재의 독자적 존재 가능은 가장 독자적이고 극단적 가능성인 죽음을 향해 이해〔기투〕하는 존재에서 본래적이고 또 전체적으로 드러난다. "결의성은 선구적 결의성으로서만 본래적 전체적으로 본연의 결의성일 수 있다."[7] 반면에 선구는 "실존적으로 증거된 결의성 속에 감추어져 있고, 따라서 그것과 함께 증거된 결의성의 본래성의 가능성으로서 파악되지 않으면 안 된다."[8] 그리하여 선구적 결의성은 현존재의 본래성과 전체성을 보증한다. 선구적 결의성(본래적 전체성)은 현존재의 가장 근원적 개시성이다. 선구적 결의성은 현존재로 하여금 자기의 가장 극단적인 존재 가능을 향한 근원적 존재가 되게 한다.

결의성과 선구가 서로 번갈아가면서 타방을 보증한다면, 즉 본래적 자기의 회복을 각오하는 결의성이 선구적 양상을 지향하고, 현존재의 전체성을 보증하는 선구가 현존재의 본래적 전체 존재 가능을 구성한다면, 실존적으로 증거된 결의성 속에서 현존재의 본래적 전체 존재 가능도 실존적으로 함께 증거되는 것이다. 선구적 결의성이 곧 현존재의 본래적 전체적 존재 가능을 실존적으로 증거한다.

---

[7] 439쪽(S. 309). [8] 같은 곳.

2. 마음씀과 자기성

이상으로 선구적 결의성을 가지고 시간을 검토할 준비는 거의 끝난 셈이다. 그러나 이 대목에 이르러 하이데거는 현존재의 자기성(Selbstheit)에 대해 두 측면에서 몇 마디 덧붙이고 있다. 하나는 자기(자아)를 인식의 대상으로 삼는 전통적 존재론적 입장에 대한 비판이고, 다른 또 하나는 자기(자아)를 실존론적으로 보는 입장에 대한 언급이다. 즉 그는 전통적 자아관을 비판하고, 나아가서 자아를 실존론적으로 파악하는 주견을 거론하되 비본래적 세인-자기를 지양하고 본래적·독자적 자기를 실존론적 현존재로서 천명한다. 그렇게 해서 현존재의 존재인 마음씀의 의미를 시간성으로서 해석하는 기초는 더욱 공고해지는 것이다. 그러나 그것은 이미 다 이루어진 것이 아닌가? 세인-자기에 대해서는 제I편에서 상론한 바 있고, 세인-자기의 비본래적 자아로부터 본래적 자아에 이르는 것은 양심의 부름이 세인-자기를 본래적 자기로 불러일으킨다는 것으로 이미 검토되지 않았는가? 그러나 선구적 결의성으로 전체성과 본래성을 보증한 현존재는 아직 적극적으로 제시되지 않았다. 그것이 실존론적 자아의 상자성(常自性, Ständigkeit)을 검토하는 이유이다.

이 '나'를 전통적으로는 주관, 주체 또는 자아라고 한다. 이 자아를 데카르트는 '생각하는 존재자'(res cogitans)라 하였고, 이에 대해 비판적인 칸트도 그 자아를 '나는 생각한다'(Ich denke)의 주체로서, 즉 언제나 이미 전재하는 것의 자기 동일성과 불변성으로서 파악하였다.

일상적인 현존재는 자기 아닌 다른 존재자에 의존하는 자기이다. 그러나 선구적으로 결의하는 현존재는 본래적 자기 자신으로 있는 자기이다. 이 본재적 자기는 첫째 자기성(Selbstheit)이 있어야 하고, 둘째 한순간만 본래적이었다가 다음 순간에는 도로 세인으로 돌아가는 그런 자기가 아닌 상주적(ständig) 자기라야 한다. 이 두 조건을 고려하여 하이데거는 선구적 결의성으로서의 본래적 자기를 '자기의 상주성'(Ständigkeit des Selbst)이라고 한다. "자기성은, 존재론적으로는 본래적 자기 존재 가능에 즉해서만, 다시 말하면 **마음씀으로서의 현존재의 존재의 본래성에 즉해서만 읽어낼 수 있는 것이다.**"[9] "선구적 결의성의 존재론적 구조가 '자기의 자기성'(Selbstheit des Selbst)의 실존성을 드러내는 것이다."[10] 선구적 결의성의 자기는 본래적 자기로서 곧 상자적 자기이며 거꾸로 말하면 상자적 자기는 곧 선구적으로 결의하는 자기이다.

3. 마음씀의 존재론적 의미로서의 시간성

현존재의 존재는 마음씀이라고 규정되었다. 그런데 그 마음씀의 의미가 시간성이라고 한다. 현존재는 피투적 현사실성과 기투 및 퇴락으로 구성된다. 그리고 '의미'란 이것을 가능하게 하는 것, 즉 근거를 가리킨다. 의미는 이해를 가능하게 하는 것으로서 기투의 기반

---

9 456쪽(S. 322).　10 457쪽(S. 322).

(Woraufhin), 즉 거기를 겨냥해서 기투가 행해지는 그것이다. 예컨대 '과학의 의미가 무엇인가'고 묻는 칸트의 물음은 '과학은 어떻게 가능한가'고 과학의 가능근거를 묻는 것이다. 마음씀의 의미가 무엇인가고 묻는 것은 마음씀이 도대체 어떻게—즉 무엇을 근거로 해서—가능한가고 묻는 것이다. 그리하여 마음씀은 어떻게 가능한가?는 '현존재의 존재를 가능하게 하는 것은 무엇인가'라고 묻는 것이려니와, 그것이 시간성이라는 것이다.

시간과 시간성은 다르다. 시간성이라는 말은 시간이 아니라 어떤 것이 가지고 있는 '시간적 성격' 또는 '시간적 구조'를 가리킨다. 전자는 자연과학적 시간이고 후자의 예는 후설의 '의식의 흐름'과 하이데거의 현존재의 존재인 마음씀이다. 하이데거의 시간성 개념에는 '흐름'의 성격은 없고, 마음씀의 구조가 시간적이라는 것이다. 그런데 현존재의 존재(마음씀)가 바로 시간적 구조를 가지고 있다.

현존재의 세 구조계기를 실존론적으로 마음씀으로 환원하면 현존재의 존재는 '(세계 내부적으로 만나는 존재자)에 몰입해 있음으로서 자기를 앞질러 이미 (어떤 세계) 내에 있음'이라고 규정된다. 이것은 우리의 삶과 그 구조를 같이 한다. 우리의 실지의 삶을 보면 우리는 매양 전향적으로 앞을 내다보면서(기투: 자기를 앞질러 있음) 행위를 통해 존재자와 만나면서 살되(현사실성: 존재자에 몰입해 있음) 살아온 자기를 뒤에 가지고 있다(피투성: 이미 …내에 있음). 하이데거는 우리의 삶이 이렇게 시간적 구조로 되어 있으므로 이것을 시간성으로서 해석한다.

1) 선구적 결의성과 시간성

하이데거의 시간론을 이해함에 있어 늘 유의해야 할 것은, 현존재의 존재가 시간적 구조를 가지고 있다는 것이다. 다시 말하면 과거·현재·미래로 연속해서 흘러가는 시간이 있고 거기에 현존재가 실려서 함께 흘러가는 것이 아니라, 현존재가 존재하는 한, 그 존재, 즉 마음씀이 시간적 구조를 가지고 있다는 것이다.

선구적 결의성은 현존재의 전체성과 본래적 가능성이거니와 이것을 가능하게 하는 것은 무엇인가? 하이데거에 따르면 그것이 다름 아닌 시간성이다. 이것은 무슨 뜻인가? 쉽게 말하면 선구적 결의성이란, 현존재가 자기의 극단적 가능성인 죽음을 향해 앞으로 달려가〔선구〕결의해서 본래적 자기에 도래하고(zu-kommen), 이미 있었던(기존, gewesen sein) 본래적 자기를 회복해서 이것을 인수하여, 그렇게 해서 자기가 처한 상황을 적극적으로 현전화(gegenwärtigen)하는 것이다. 자기에게로 도래〔우리의 표현으로 하자면 다가감이다〕하는 것은 장래(Zukunft)라는 시간성에서 가능하고, 이미 있었던 자기로 돌아가는 것은 기존성(Gewesenheit)이라는 시간성으로 인해 가능하며, 행위하면서 존재자를 현전화하는 것은 현재(Gegenwart)라는 시간성을 근거로 해서 가능하다. 현존재의 '자기에게 도래함·기존에로의 복귀·존재자의 현전화'는 장래·기존·현재라는 시간성을 근거로 해서 가능하다.

현존재의 존재 의미에 대한 물음은, 현존재의 존재인 마음씀의 분절된 구조 전체의 전체성을 가능하게 하는 것, 다시 말하면 '자기를 앞질러 있음', '…에 몰입해 있음', '이미 …내에 있음'으로 분절되어 전개된 〔현존재의 존재의〕 구성계기들을 통일된 전체성으로 가능하게 하는 것은 무엇인가 하는 것이다. 선구적 결의성이라는 '현존재의 본래적 전체 존재'를 가능하게 하는 기반을 하이데거는 전술한바와 같이 시간성이라고 한다. "시간성은 본래적 마음씀의 의미로서 노정된다."[11] "마음씀 구조의 근원적 통일은 시간성 속에 있다."[12] 시간성이 시간의 근원이요 따라서 시간성을 근원적 시간이라 한다.

2) 현존재의 존재 의미로서의 시간성

시간성은 '기존하면서-현전화하는 장래'(gewesend-gegenwärtigende Zukunft)라는 현존재의 존재구조에 다름 아니다. 이것은 본디 선구적 결의성 이외의 다른 것이 아니다. 하이데거는 이 시간성을 도래, 기존성 및 현전화로 분절해서 해석한다. 먼저 도래부터 검토한다. 도래(到來)란 실존론적 개념이고, 시간성으로는 장래(將來, Zukunft)라고 한다.

> (…) 형식적 실존론적으로 파악한다면, 선구적 결의성이란 가장 독자적이고 두드러진 존재 가능을 향한 존재이다. 그런 것이 가능한 것은 오직, 일반적으로 현존재가 자기의 가장 독자적 가능성〔죽음〕에 있어서 자기에게로 도래할 수 있고, 이렇게 '자기를 자기에게로 도래하게 함' (Sich-auf-sich-zukommen-lassen)에 있어 가능성을 가능성으로서 감내하기 때문이다. 다시 말하면 실존하기 때문이다. 이 두드러진 가능성

---

11 462쪽(S. 326). 12 463쪽(S.327).

을 감내하면서, 그 가능성 속에서 자기를 자기에게 도래케 하는 것이 장래의 근원적 현상이다.[13]

선구적 결의성은 현존재의 가장 독자적 존재 가능에 있어서 자기에게로 도래하게 하는 것이다. 선구적 결의성에서 보면 현존재는 존재 가능으로서 죽음에 이르는 존재이다. 그 죽음을 선취함으로써 현존재는 본래적 자기에게로 다가간다〔도래한다〕. 여기서 말하는 '장래'란 아직 실현되지는 않았지만 곧 있게 될 지금, 즉 미래를 의미하는 게 아니라, 현존재가 가장 독자적 존재 가능에 있어서 자기에게 도래할 그 '옴'〔다가감〕을 가리킨다.

선구는 현존재로 하여금 **본래적으로도** 장래적이게끔 하지만, 선구 자체가 가능한 것은 오직 현존재가 **존재하는** 자로서 일반적으로 이미 언제나 자기에게 도래하는 한에서만, 즉 현존재가 그 존재에 있어서 일반적으로 장래적인 한에서만이다.[14]

선구의 가능근거는 현존재가 본디 장래적인 데 있다. 즉 현존재의 시간성에서 비로소 선구가 가능한 것이다.

그러나 현존재는 언제나 피투적 존재이다. 이 피투성을 인수한 현존재가 언제나 '이미 있었던 대로 본래적으로 존재'하는 것을 기존(Gewesen)이라 한다.

---

13 460~461쪽(S. 325). **14** 461쪽(S. 325).

피투성의 인수란, 현존재가 그때마다 이미 있었던 대로 본래적으로 있음을 의미한다. 그러나 피투성의 인수는, 장래적 현존재가 가장 독자적으로 〈그때마다 이미 있었던 대로〉, 즉 자기의 〈기존(旣存)〉으로 있을 수 있음으로 해서 가능하다. 현존재가 일반적으로 '나는 기존으로 있다'로서 존재하는 한에서만, 현존재는 〔기존적 자기로〕 돌아오는〔復己〕만큼, 그렇게 장래적으로 자기 자신으로 도래할 수 있는 것이다. 본래적으로 장래적인 현존재는 본래적으로 기존으로 있다.[15]

현존재가 기존의 본래적 자기 자신에게로 돌아오는 것은 '책을 지고 있는' 본래적 기존으로서만 가능하다. 선구의 경우와 마찬가지로, 현존재가 본래적일 수 있는 것은 그 현존재가 기존성이라는 시간성으로 있기 때문에 가능하다. 위 인용문에서 주목되는 것은, 현존재가 장래적일 수 있는 것은 현존재가 기존적으로 있기 때문이며, 또한 현존재가 장래적이기 때문에 기존의 현존재로 돌아올 수 있다. "현존재는 장래적인 한에서만 본래적으로 기존으로 있을 수 있다. 기존성은 어떤 방식으로는 장래에서 발원한다."[16]

기존적 자기로 복귀하면서 자기에게로 도래하는 본래적 현존재는 또한 현사실적으로 환경세계 속에서 행위하면서 존재자를 만나 실존한다. 선구적 결의성은 현존재의 전체적·본래적 존재방식이거니와, 그런 존재방식에서 현존재는 세계 내부적 존재자를 개시한다. 그렇게 개시하면서 현존재가 행위를 통해 세계 내부적 존재자를 만

---

15 461쪽(S. 325f.). 16 464쪽(S. 326).

나는 것을 하이데거는 '현전화'(現前化, Gegenwärtigen)라 한다.

환경세계적으로 임재(臨在)하는 것(Anwesendes)을 행위하면서 만나게 하는 것은, 이 존재자를 현전화하는 데서만 가능하다. 결의성은 '현전화한다'는 의미에서의 현재(現在, Gegenwart)로서만 본디의 결의성일 수 있다. 본디의 결의성이란, 그것[결의성]이 행위하면서 포착하는 것을 왜곡하지 않고 만나게 하는 것이다.[17]

현존재가 행위하면서 존재자를 현전화하는 것은 현재에 근거한다. 선구적 결의성의 시간성을 이렇게 도래, 기존 및 현전화로 분절해서 해석한 하이데거는 다음과 같이 총괄한다.

결의성은, 장래적으로 [기존의] 자기로 복귀(復歸)하면서, [존재자를] 현전화하면서, 자기를 상황 속에 들여온다. 기존성은 장래에서 발원하고, 더욱이 기존적 (더 적합하게는 기존하는) 장래가 현재를 자기[장래]로부터 풀어놓는다. 이렇게 '기존하면서-현전화하는 장래'라는 통일적 현상을 우리는 시간성이라고 부른다. 현존재가 시간성으로서 규정되어 있는 한에서만, 현존재는 위에서 특징지은 바 있는 선구적 결의성이라는 본래적 전체 존재 가능을 자기 자신에게 가능하게 한다. 시간성은 본래적 마음씀의 의미로서 노정된다.[18]

---

17 462쪽(S. 326). 18 462쪽(S. 326).

이것이 하이데거가 말하는 현존재의 존재인 마음씀의 구조를 통일적으로 가능하게 하는, 즉 마음씀의 의미인 시간성이다. 시간성의 세 계기 중 우위를 점하는 것은 장래이다. 현존재는 가능 존재이기 때문이다. 기존성은 장래에서 발원하고, 기존하는 장래가 현전화를 낳는다. '기존하면서-현전화하는 장래'라는 통일적 현상이 시간성이다.

그러나 이 시간성은 엄격하게 말하면 현존재의 존재의 의미이며, 선구적 결의성은 이 시간성에 의해 가능해진다. 마음씀으로서의 현존재의 존재 전체성, 즉 '(세계 내부적으로 만나는 존재자)에 몰입해-있음으로서 자기를-앞질러-이미 (어떤 세계) 내에-있음'도 이 시간성에 다름 아니다. "마음씀 구조의 근원적 통일은 시간성 속에 있다"[19]고 한다면, 마음씀을 구성하는 세 계기도 시간성 속에 있어야 한다.

그리하여 "'자기를 앞지름'(Sich-vorweg)의 계기는 장래에 근거한다. '이미 …내에 있음'(Schon-sein in)은 기존성을 표명하고 있다. '…에 몰입해 있음'(Sein-bei…)은 현전화에서 가능해진다."[20] 이 세 계기 중에서도 장래가 우위를 점한다. "근원적이고 본래적인 시간성은 본래적 장래로부터 시숙하고, 그렇게 해서 〔이 근원적·본래적 시간성이〕 장래적으로 기존하면서 비로소 현재를 일깨운다. (…) 근원적이고 본래적인 시간성의 일차적 현상은 장래이다."[21] 그리하여 "실존성의 일차적 의미는 장래이다."[22] 왜냐하면 현존재는 가능존재로서

---

19 463쪽(S. 327). **20** 같은 곳. **21** 466쪽(S. 329). **22** 464쪽(S. 327).

전향적으로 자기를 기투하는 존재이기 때문이다.

　여기에서 말하는 '앞'과 '이미'는 시간의 미래와 과거를 가리키는 것이 결코 아니다. 만일 '앞'이 미래를 가리키는 것이라면 그 미래는 '지금은 아직 없지만 장차는 있을' 그 다가오는 시간을 가리킬 것이고, '이미'가 과거적인 것이라면 '지금은 이미 없으나 일찍이는 있었던' 지나간 시간을 지칭할 것이다. 그러나 그렇게 되면, 마음씀의 입장에서 보면 그것은 '이전'에 있고 동시에 '이후'에 있는 것이 되어 마음씀이 시간의 경과 속에 있으면서 과거와 미래 속에 동시에 있는 존재자가 되는 셈이다. 이 사정을 또 이렇게 말할 수도 있다: 양자는 '이미' 지나갔거나 '아직' 오지 않은 시간이므로 마음씀은 어쨌든 지금은 없는 시간 속에 있게 된다고.

　현존재의 존재인 마음씀에서 말하는 '앞질러'의 '앞'은 '자기를 앞질러'라는 현존재의 구조적 계기인 기투의 표현이다. 마찬가지로 '이미'도 '이미 …내에 있음', 즉 피투의 계기를 나타낸다. '앞'과 '이미'가 현존재의 기투의 계기와 피투의 계기를 가리킨다면, 현존재의 현사실성, 즉 '…에 몰입해 있음'의 계기는 어떻게 되는가? 하이데거에 따르면 "(…) 배려되는 용재자와 일상성과 전재자에로의 **퇴락**이 일차적으로 근거하는 **현전화**가, 근원적 시간성의 양상에서는 장래와 기존성 속에 들어박혀 있다는 것을 시사한다."[23] "현존재는 결의함으로써 마침내 퇴락으로부터 자기를 되돌려 오는 것이며, 그만큼 더 본래적으로 개시된 상황을 향한 〈순간〉(瞬間, Augen*blick*) 속에서 〈현〉

---

[23] 464쪽(S. 328).

존재한다."[24] 말하자면 퇴락의 계기는 장래와 기존 속에 들어박혀 있어서 얼른 알아보기 어렵게 되어 있으나 사실은 퇴락의 계기를 가진 현존재는 '순간' 속에서 실존한다. 순간은 찰나라는 의미의 짧은 시간이 아니라, 실존론적으로는 눈을 크게 뜨고 보는 것을 가리킨다. 그것은 현전화를 의미한다. 이리하여 "시간성은 실존, 현사실성 및 퇴락의 통일을 가능하게 하고, 그렇게 해서 마음씀 구조의 전체성을 근원적으로 구성한다."[25]

3) 시숙(時熟)과 탈자태(脫自態)

그런데 시간성은 애당초 존재자가 아니다. 따라서 그것은 '있다'고 말할 수 있는 것이 아니다. "〈시간성〉은 도대체 존재자로 〈있는〉 것이 아니다. 시간성은 존재하는 것이 아니라, 때에 따라 스스로 성숙하기 때문에 시숙[*Zeitigung*, 時熟]하는 것이다."[26] 장래, 기존 및 현전화라고 하는 것은 이 시숙의 세 방식이다. 이것은 시간을 흐름으로서 이해하지 않는 입장에서 그 흐름성격을 대신해서 할 수 있는 말이다.

하이데거의 시간론의 두드러진 특징을 지적한다면 시간이 탈자적이라는 것이다. 탈자(脫自, *ἐκστατικόν*)란 자기를 벗어나는 것이다. 그것은 배려의 구조가 '자기를 앞질러 있음', '…에 몰입해 있음' 및 '이미 …내에 있음'을 가능하게 하는 것이기도 하다.

---

[24] 464쪽(S. 328).   [25] 465쪽(S. 328).   [26] 같은 곳.

장래, 기존성, 현재는 〈자기를 향해〉, 〈…로 돌아와〉, 〈…를 만나게 함〉의 현상적 성격들을 가리킨다. '…를 향해'(zu…), '…에로'(auf…), '…에'(bei…)라는 현상들은 시간성을 단적으로 탈-자(脫-自)로서 드러낸다. 시간성은 근원적으로 탈-자 그 자체이다.[27]

장래는 '자기를 향해'의 성격을, 기존성은 '…로 돌아와'의 성격을, 그리고 현재는 '…를 만나게 함'이라는 성격을 가리킨다. 이들 '…를 향해'(zu…), '…에로'(auf…) 및 '…에'(bei…)는 시간성을 단적으로 '탈자'로서 드러낸다. 시간성은 본질적으로 '자기를 벗어나는 것'(Ausser-sich)이다. 장래, 기존 및 현전화는 시간성의 세 탈자태(Ekstasen)이다. 세 탈자태는 시간양상의 근거이다. 즉 과거·현재·미래는 이 탈자태에 의거해서 가능하다. 시간성의 본질은 세 탈자태의 통일에 있어서의 시숙이다. 실존의 본질이 탈-존(Ek-sistenz)이라고 하는 것도 현존재의 존재인 마음씀이 자기를 벗어나 있는 것을 고려해서 하는 말이다.

하이데거가 말하는 시간성은 유한하다. 현존재는 '죽음에 이르는 존재'로서 유한하다. 현존재는 유한적으로 실존한다. "선구적 결의성의 의미를 형성하는 그 시간성이 일차적으로 시숙시키는 본래적 장래는 유한한 실존과 함께 그 자신 유한한 것으로서 드러난다."[28] 그 시간성은 유한한 시간성이다.

시간성의 개현으로부터 출발하는 현존재의 실존론적 분석론에서

---

27 465쪽(S. 328f.).   28 466쪽(S. 329f.).

는, "현존재의 본질적 구조들을 그 구조들의 시간성으로 환원해서 해석한다는 의미에서, 이미 수행된 현존재 분석을 반복한다는 과제가 생긴다."[29] 그리하여 다음 제4장은 제I편의 현존재 분석을 시간성의 입장에서 재해석하는 것이다.

4. 하이데거의 시간론에 대한 검토

하이데거의 시간사상의 근본적 특징은 현존재의 존재, 즉 마음씀을 가능하게 하는 것은 근원적 시간으로서의 시간성이라는 데 있다. 그는 시간을 등질적으로 무한히 흐르는 지속 또는 무한한 지금연속으로 보지 않고, 현존재의 존재 근거를 시간성으로서 파악한다. 종래의 일반 존재론에서처럼 시간을 지나간 것(과거)은 이미 없고 다가올 것(미래)은 아직 없으며, 현재만이 유일하게 있다고 한다면, 현재는 두 없음 사이에 끼어서 무로 향해 있는 것이 되고 만다. 그리하여 있는 것은 순간적인 '지금'뿐이게 된다.

그러나 시간성을 현존재의 존재 근거로서 파악하게 되면, 장래와 기존이 더 확실하게 있게 되고 현재는 이 장래와 기존에 의거해서 있는 것이다. 즉 장래는 내가 다가갈(도래할) 나의 본래적 존재양식이고, 기존은 이제껏 있어온 본래적 나의 존재이며, 현재는 장래와 기존으로 인해 내가 행위하면서 존재자와 만나면서 있는 것이다.

---

[29] 433쪽(S. 304).

현존재의 존재, 즉 마음씀은 '자기를 앞질러 있음', '…에 몰입해 있음' 및 '…내에 있음'이거니와, 이것은 시간성의 탈자태, 즉 '…를 향해', '…에' 및 '…에로'에 의해 가능하다. 그런 구조로서의 시간은 따라서 흘러가는 시간이 아니라, 때에 따라 스스로 익는〔시숙하는〕 시간이다. 시간성의 세 탈자태는 세 시간양상의 존재근거가 된다.

하이데거의 시간론은 장래 우위를 특색으로 한다. "근원적이고 본래적인 시간성의 일차적 현상은 장래이다."[30] 종래의 시간론에서는 현재를 실재성의 근거로서 유일하게 존재하는 것으로 보고 미래와 과거는 실재성이 없는 것, 단지 기억과 기대를 통해서만 있게 되는 것으로 치부했다. 그러나 하이데거는 시간성을 현존재의 존재 의미로 규정하기 때문에 현존재의 존재성격, 즉 현존재는 가능존재로서 전향적으로 자기를 기투하는 존재자라는 데서 그의 시간성이 장래 우위라는 것은 충분히 예견될 수 있다. 이것은 시간을 무한한 등질적 흐름이나 지금 연속으로 보지 않고, 삶 자체의 입장에서 현존재의 존재인 마음씀의 근거로서 파악하는 데서 연유한 결과이다. 위에서 열거한 하이데거의 시간론의 특성을 총괄적으로 정리하면 다음과 같다.

① 시간성은 마음씀의 구조를 가능하게 한다. 마음씀의 세 구조계기는 시간성의 세 탈자태에서 연유한다.

② 그리고 마음씀의 세 구조계기에 의해 현존재의 세 구조계기〔실존, 피투적 현사실성 및 퇴락〕가 연유한다. 그리하여 시간성이야말

---

[30] 466쪽(S. 329).

로 시간과 마음씀의 가능근거이므로 근원적 시간이다.

③ 세 시간성의 탈자태 중에서 가장 본질적인 것은 장래이다. 그것은 현존재가 가능존재로서 자기를 기투하기 때문이다.

④ 근원적 시간으로서의 시간성은 유한하다. 현존재는 죽음에 의해 제한되어 있기 때문이다.

제4장 시간성과 일상성

제4장의 과제 : 본래적 시간성과 비본래적 시간성

재3장의 과제는 선구적 결의성의 시간성이다. 그것을 하이데거는 근원적 시간이라고 한다. 이것으로 『존재와 시간』이 처음에 겨냥한 주제적 문제와 의도, 즉 '현존재의 존재 의미로서의 시간성'이라는 과제는 일단 마무리된 셈이다. 그러나 현존재의 존재양상인 본래성과 비본래성에 따른 시간성에 대해서는 아직 검토하지 않았다.

제4장의 제목은 '시간성과 일상성'으로 되어 있다. 이 테제는 외견상으로는 '현존재의 시간성과 일상성과의 관계' 또는 '일상성에서의 현존재의 시간성'처럼 보인다. 그러나 내용상으로는 내-존재의 시간성, 즉 현존재의 개시성의 시간성에 대한 검토이다. 더 자세하게 말하면 현존재의 개시성이 본래적이냐 비본래적이냐에 따른 시간성을 가늠해 보는 것이다. 본래성이란 현존재가 가장 독자적인 자기 자신으로 돌아가는 존재양상이고, 비본래성은 우선 대개라는 일상성 속의 현존재의 평균적이고 무차별적 존재양식이다. 그것을 〈시간적〉으로 해석하면 '현존재의 비본래적 시간성', 즉 '일상적 현존재의 시간적 해석'이 될 것이다. 비본래적 시간성은 "현존재의 비본래성을 그 특수한 시간성에서 가시화하는 것이다."[1] '〈시간적〉 해석'

이란 '시간성에 근거해서 현존재의 존재 틀의 가능성을 증시하는 것'[2]이다.

그리하여 이 제4장에서는 제I편 제5장에서 다루었던 현존재의 개시성이 '시간적 해석'으로 다시 검토될 것이다. 따라서 '개시성 일반의 시간성'이 먼저 다루어질 것이지만, 거기에서는 1) 이해의 시간성, 2) 정상성의 시간성, 3) 퇴락의 시간성 및 4) 말의 시간성이 검토될 것이다. 그리고 세계-내-존재의 시간성과 세계의 초월의 문제에서는 1) 배시적 배려의 시간성, 2) 배시적 배려의 이론적 인식으로의 변양과 그 변양의 시간성, 3) 세계의 초월의 시간적 문제가 담론의 주제가 될 것이다.

1. 개시성 일반의 시간성

현존재의 개시성에 관해서는 저 앞(제I편 제5장의 과제)에서 언급한 바 있다. 현존재는 실존하면서 자기의 '현' 자체로 있는 존재자이다. 그의 존재, 즉 마음씀의 구체적 시간적 구성을 제시하기 위해서는 마음씀의 구조계기들(이해, 정상성, 퇴락 및 말)을 시간적으로 해석해야 한다. 그러나 이런 구조계기마다의 시간성은 마침내 하나의 시간성으로 통일된다.

---

1 469쪽(S.331).   2 같은 곳.

1) 이해의 시간성

이해에 관해서는 제I편 제5장에서 살펴본 바 있다. 거기에서 우리는 이해를 '가능'으로서 파악했고, 실존론적으로는 가능성이란 현존재의 실존 가능성, 실지로는 피투적 가능성이라고 했다. 이해는 또 개시성으로서 파악되었다. 그리고 그것을 곧 기투라고 했다. 그리고 이해의 개시성에는 불가피하게 '봄'이 따른다는 것도 지적했다. 이런 것들을 고려하여 하이데거는 "근원적으로 실존론적으로 파악한다면, 이해란 현존재가 그때마다 그것〔존재 가능〕을 자기의 궁극목적으로 해서 실존하는, 그 존재 가능을 향해 기투하면서 있음을 의미한다"[3]고 한다.

    한 실존적 가능성 속에서 기투하면서 자기를 이해하는 근저에는, 그때그때의 가능성에 입각해서 '〔가능적〕 자기를 향해 도래하는 것'으로서의 장래가 놓여 있다. 현존재는 매양 그때그때의 가능성으로서 실존한다. 장래는 자기의 존재 가능 안에서 이해하면서 실존하는 그런 존재자를 존재론적으로 가능하게 한다. 기투는 근본적으로 장래적이지만, 그 기투는 (…) 〔실존적〕 가능성으로서의 바로 그 기투된 가능성 속에 자기를 던진다.[4]

이것은 이해의 시간성 일반에 대한 기술이다. 이런 시간성에서 볼 때 이해는 기투이므로 장래가 우위에 있다. 이것은 본래적 또는

---

[3] 476쪽(S. 336).   [4] 같은 곳.

비본래적으로 구분되기 이전의 시간성이다. 이것을 우리는 본래적 시간성과 비본래적 시간으로 구분해서 검토하고자 한다. 누설(累說)한 바와 같이, 본래성이란 현존재가 가장 독자적 자기 자신으로 돌아가는 것이고, 비본래성이란 세인-자기로서의 현존재의 존재양상이다. 우리는 먼저 비본래적 장래와 본래적 장래가 어떻게 다른가를 살펴보아야 한다.

> 본래적 장래가 결의성에서 노정되는 것과 상응해서, 이 〔비본래적 장래의〕 탈자적 양상(脫自的樣相)은, 일상적으로 배려하는 비본래적 이해로부터 그 실존론적-시간적 의미로 존재론적으로 소급할 때에만 노정될 수 있다. (…) 우선 대개 배려하는 세계-내-존재〔세인〕는 그가 배려하는 것으로부터 자기를 이해한다. 비본래적 이해는 일상적으로 종사하는 업무상 배려되는 것, 실행해야 할 것, 긴급한 것, 불가피한 것 등을 향해 자기를 기투한다. (…) 현존재는 일차적으로는 (…) 배려되는 것이 초래하거나 거절하는 결과에 입각해서 배려하면서 자기를 예기(豫期)한다. (…) 비본래적 장래는 예기한다는 성격을 가지고 있다.[5]

현존재는 실존하면서 자기를 가장 독자적 존재 가능으로서의 자기에게 도래하게 한다는 의미에서 선구이고, 마음씀 구조에서 보면 '자기를 앞지르는' 것이다. 그것이 본래적 시간성으로서 '장래'이다. 비본래적 이해의 시간성도 장래가 우선적이기는 하지만 그 이해는

---

5 477쪽(S. 337).

늘 배려되는 어떤 것을 향해 기투하기 때문에 그 어떤 것을 예기한다. 즉 비본래적 장래는 예기(Gewärtigen)이다. 같은 장래이되 자기를 가장 독자적 존재 가능으로 도래하게 하는 것은 본래적이고, 자기 아닌 어떤 것─세계 내부적인 것─을 향해 기투하는 것은 예기로서 비본래적이다.

이것은 마음씀의 '자기를 앞질러 있음'(장래)의 계기를 본래성과 비본래성에서 살펴본 것이지만, '…에 몰입해 있다'는 [현재의] 계기와 '이미 …내에 있다'는 [기존성의] 계기의 본래적 시간성과 비본래적 시간성은 어떻게 되는가? 본래적 현재를 우리는 상황을 개시하는 '순간'이라고 한다. 순간이라는 말에 유의할 필요가 있다. 순간(*Augen-blick*)은 하이데거의 경우 찰나를 의미하지 않고, 현재에서 현존재가 자기의 본래적 존재 가능과 본래적 기존성을 적극적으로 인수하여 아우르면서 자기의 처지적 상황을 눈을 크게 뜨고 본다는 것이다. 그런 순간에 대응하는 비본래적 현재를 하이데거는 **현전화**(*Gegenwärtigen*)라고 한다. 본래적이든 비본래적이든 현재는 '현전화'에서 연유하지만, 특히 좁은 의미의 현전화는 비본래적 현재의 시숙양식이다. "현전화라는 표현을 보충 설명 없이 사용할 때는 언제나 '비본래적 몰순간적-비결의적 현전화'를 가리키는 것으로 한다. (…) 그러나 비본래적 이해가 '배려될 수 있는 어떤 것'에 입각해서 존재 가능을 기투하는 한, 그 [기투적] 이해는 현전화로부터 시숙한다는 것을 의미한다."[6]

---

6 479쪽(S. 338).

'이미 …내에 있다'는 피투성은 본래성에서는 '독자적 자기에게로 도래함', 즉 '자기의 기존으로 돌아옴'이다. 이것을 우리는 자기회복 또는 복귀(Wiederholung)라고 한다. 그러나 거기에 대응하는 비본래적·피투적 시간성은 망각성(Vergessenheit)이다. 기대(Erwarten)가 예기에 기초를 둔 장래의 한 양상이듯이, 상기(想起)의 근거는 망각이다. 그 역은 아니다. 망각의 반대 개념으로 하이데거는 보유(behalten)라는 말을 쓰고 있는데, 이것은 '기억 속에 간직하고 있다'는 뜻이다.

이해의 본래적 시간성이 회복하는-순간적-장래(*wiederholend-augenbliklische Zukunft*)인데 반해 그 비본래적 시간성은 망각하면서-현전화하는-예기(*vergessend-gegenwärtigende Gewärtigen*)이다.

2) 정상성의 시간성

정상성에 두려움과 불안이 있다 함은 이미 밝혀진 바 있다. 두려움은 세계 내부적인 것에서부터 엄습해온다. 즉 두려움을 일으키는 유인은 환경세계적으로 만나는 존재자이다. 이에 반해 불안은 죽음을 향해 던져진 세계-내-존재로서의 현존재 자체에서 연원한다. 이렇게 구별되는 정상성의 시간성은 어떻게 정리되는가? 정상성은 피투성에 근거한다. 그것은 정상성이 일차적으로 기존성에서 시숙함을 함축한다. 두려움과 불안이 다같이 "일차적으로는 기존성에 근거한다 하더라도 마음씀의 전체에 있어서는 양자가 그때그때 각기 독립적으로 시숙한다는 점에서는 그 근원을 달리한다."[7]

먼저 두려움의 시간성을 검토한다. 두려움은 비본래적 정상성이다. 두려움은 어떤 위협적인 것에 직면해서 그것이 현존재의 현사실적 존재 가능에 해롭다고 여겨질 때 생기는 정조(情調)이다. 그 위협적인 것을 개시하는 것은 일상적 배시이다.

두려움의 기분성격은, 두려움의 예기가 위협적인 것을 현사실적으로 배려하는 존재 가능으로 돌아오게 한다는 데 있다. 위협적인 것은 '나'라는 존재자를 향해 돌아와야만 예기될 수 있다.[8]

그뿐 아니라 "두려움의 실존론적-시간적 의미는 자기 망각, 즉 자기의 현사실적 존재 가능에 직면하여 거기로부터 당혹해서 일탈하는 자기 망각에 의해 구성되는 것이고, 그런 당혹한 일탈로서 위협당하는 세계-내-존재는 용재자를 배려한다."[9] 따라서 "두려움의 시간성은 예기하면서-현전화하는-망각(gewärtigend-gegenwärtigendes Vergessen), 즉 비본래적 시간성이다."[10]

불안은 근본적 정상성이다. 불안으로 인해 현존재는 그가 가장 독자적으로 던져져 있다는 사실에 직면하게 되고, 일상적으로 친숙하던 세계-내-존재는 생소하게 드러난다.

불안의 대상은 환경세계적 존재자와는 이제 아무런 적소성도 갖지 않는다. 내가 실존하는 이 세계는 무의의성 속으로 가라앉고, 그렇게 해서 개시된 세계는 존재자를 단지 무적소성이라는 성격에 있어서 개

---

7 488쪽(S. 344).   **8** 483쪽(S. 341).   **9** 같은 곳.   **10** 484쪽(S. 342).

현할 수 있을 뿐이다.[11]

불안의 대상은 세계의 무(無)이다. 불안의 대상도 불안의 이유도 현존재 자신이다. 그리하여 불안은 장래에 의해 구성된다고 해야 한다. 그러나 그 장래는 비본래적 예기는 아니다. 불안은 회복 가능한 것으로서의 피투성으로 도로 이끌어간다. "회복 가능성 앞으로 〔현존재를〕 이끌어가는 것이 불안이라는 정상성을 구성하는 기존성의 특수한 탈자적 양상이다."[12] "불안 특유의 시간성은, 불안이 근원적으로 기존성에 근거하고 이 기존성으로부터 비로소 장래와 현재가 시숙한다는 것이다."[13] 불안이 자기 자신으로부터 연원한다는 점을 고려하면 "불안의 장래와 현재는, '회복 가능성으로 도로 이끌어간다'는 의미에서, 근원적 기-존재로부터 시숙한다."[14] 불안의 시간성은 본래적 시간성이다.

3) 퇴락의 시간성

퇴락 현상으로서 하이데거는 빈말, 호기심 및 애매성을 거론했으나, 퇴락의 시간성을 검토하는 대목에서는 호기심에 대해서만 언급하고 있다. 그 까닭은 거기에서 퇴락의 특수한 시간성이 가장 용이하고 선명하게 보여질 수 있기 때문이다.

호기심은 무엇을 보기 위해 여기저기 찾아 헤매는 정상성이다. 찾아서 보여지는 것은 현재에서 만난다. 즉 어떤 것을 만나게 하는

---

[11] 484쪽(S. 342). [12] 486쪽(S. 343). [13] 487쪽(S. 344). [14] 같은 곳.

것은 현재에 근거한다. 호기심만이 아니라 일반적으로 퇴락은 그 실존론적 의미를 현재에 둔다. 이 현재가 존재자를 만날 수 있는 지평을 제공한다. 즉 현재에서 존재자는 현전화된다. 호기심이 존재자를 현전화하는 것은 그것을 보고, 본 것을 이야깃거리로 삼기 위해, 그냥 보는 것뿐이다. 호기심은 그런 현전화에 상응하는 도래 및 기존성과 하나의 통일을 이루고 있는데, 호기심은 아직 보지 못한 것을 향해서는 예기하고, 이미 본 것은 금방 망각한다. 그렇게 방황하는 호기심은 늘 '다음·다음다음 것'에 머물기 때문에 '이전의 것'은 망각한다. 그 예기는 따라서 어디에도 머무는 일이 없는 무체류성(無滯留性)이다. 그리하여 호기심의 시간성은 현존재가 극단적 비본래적 현전화에서 예기하고 망각하면서 있는 것이다.

4) 말의 시간성

이해, 정상성 및 퇴락에 의해 구성되는 '현'의 완전한 개시성은 말에 의해 분절된다. 그러므로 말은 일차적으로 특정한 탈자태에서 시숙하는 것이 아니다. 그러나 말은 환경세계에 대해 배려적 담론으로서 말을 거는 방식으로 언표하기 때문에 현전화가 우선적 가능성을 갖는다. 하이데거는 말의 시간성에 대해서는 그 이상 언급하지 않는다.

그 대신 그는 이 자리에서 개시성 일반의 시간성을 아래와 같이 정리하고 있다.[15]

---

15 494~495쪽 참조(cf. S. 350).

① 이해는 일차적으로 장래(선구 또는 예기)에 근거한다. 그럼에도 〔장래적〕 이해는 그때마다 〈기존적〉 현재이다.

② 정상성은 일차적으로 기존성(회복 또는 망각)에서 시숙한다. 그럼에도 〔기존적〕 정상성은 〈현전화하는〉 장래로서 시숙한다.

③ 퇴락은 시간상으로는 일차적으로 현재(현전화 또는 순간)에 뿌리 박고 있다. 그럼에도 〔퇴락적〕 현재는 기존적 장래로부터 〔달아나듯이〕 〈발원〉하거나, 그것에 의해 지탱되고 있다.

이와 같이 현존재의 각 구조계기의 시간성을 아울러서 하이데거는 다음과 같이 결론을 맺는다:

> 시간성은 각각의 탈자태에서 전체적으로 시숙한다. 다시 말하면, 시간성의 그때그때의 완전한 시숙의 탈자적 통일에는 실존〔자기를 앞질러 있음〕, 현사실성〔…내에 이미 있음〕 및 퇴락〔…에 몰입해 있음〕의 구조 전체의 전체성, 즉 마음씀 구조의 통일이 근거한다.[16]

여기에 이어서 그는 다음과 같은 주의를 덧붙인다. "시숙한다는 것은 〔세〕 탈자태가 〈차례로 일어난다〉는 뜻이 아니다. 장래라고 해서 기존성보다 더 이후가 아니며 기존성이 현재보다 더 이전도 아니다. 시간성은 기존하면서-현전화하는-장래(gewesende-gegenwärtigende-Zukunft)로서 시숙한다."[17]

---

[16] 495쪽(S. 350). [17] 같은 곳.

이 단계에서 현존재의 존재양상과 시간성(본래적·비본래적)을 도시하면 아래와 같다.

현존재의 구조계기	시간성	(본래적	비본래적)
기투	장래	(장래	예기 또는 기대)
피투적 현사실성	기존성	(회복	망각 또는 보유)
퇴락	현전화	(순간	현전화 또는 현재)

2. 세계-내-존재의 시간성과 세계의 초월의 문제

앞에서 고찰한 바와 같이, '현'의 개시성과 현존재의 실존론적 근본 가능성인 본래성과 비본래성은 시간성에 근거한다. 그러나 개시성이 시간성에 근거한다는 것은 세계-내-존재도, 이것을 구성하고 있는 세계와 내-존재도 다같이 시간성에 근거한다는 것을 함축한다. 내-존재가 시간성에 근거한다는 것은 이미 앞〔개시성의 시간성〕에서 살펴본 바와 같다.

그리하여 여기에서는 세계의 시간성을 고찰하고자 하는데, 이를 위해서는 먼저 세계를 구명하기 위해 처음에 단초로 삼았던 것, 즉 용재자를 만나는 배시적 배려의 시간성을 검토해야 한다. 이어서 하이데거는 그 배시적 배려가 이론적 인식으로 변양하는 그 변양의 시간성을 성찰한다. 그리고 마지막으로 그는 세계의 시간성에 대해 언급한다. 이것을 그는 세계의 시간의 문제라고 한다.

1) 배시적 배려의 시간성

'배려'는 존재론적 술어로서 실존론적으로 사용되고 있다. 그것은 세계-내-존재의 일정한 존재방식을 가리킨다. 현존재의 존재가 마음씀이라고 규정되는 것과 관련해서 '…에 몰입해 있음'이 배려라고 불린다. 배려는 현존재를 궁극목적으로 하는 도구의 적소성을 찾는다. 다시 말하면 배시적 배려는 도구를 적소케 하는 것이다. '…에 몰입해 배시적으로 발견하면서 있음'으로서의 배려는 곧 적소케 함이요, 적소성을 이해하면서 기투하는 것이다. 그리하여 "적소케 함이 배려의 실존론적 구조를 이루고, 배려는 그러나 '…에 몰입해 있음'으로서 마음씀의 본질적 틀에 속한다면, 그리고 마음씀 쪽은 시간성에 근거한다면, 적소케 함의 가능성의 실존론적 조건은 시간성의 시숙의 한 양상에서 찾지 않으면 안 된다."[18] 이런 전제 하에 하이데거는 배려와 적소성 및 그 시간성을 아래와 같이 자세하게 설명하고 있다.

도구의 가장 간단한 취급에도 적소케 함이 작용한다. 적소케 함의 '어디에'는 '무엇을 위해'[용도성]라는 성격을 갖는다; 그것을 고려해서 도구는 사용될 수 있고, 사용되는 것이다. 적소성의 '무엇을 위해', 즉 '어디에'를 이해하는 것은 예기[비본래적 장래]라는 시간적 구조를 갖는다. '무엇을 위해'를 예기하면, 배려는 동시에 '거기에'[못박는 데] 적소성을 갖는 어떤 것[망치]으로 돌아올 수 있다[비본래적 기존]. 적소성의 '어디에'를 예기하는 것은 적소성의 '무엇을 가지고'를 보유하는 것

---

[18] 499쪽(S. 353).

과 일치해서, 예기의 탈자적 통일에 있어서 도구를 특수하게 조작하면서 '현전화'하는 것을 가능하게 한다.[19]

배시적 배려의 시간성, 즉 적소성의 시간성은 따라서 비본래적으로 '예기하면서-보유〔또는 망각〕하는 현전화'(gewärtigend-behaltendes 〔od. vergessendes〕 Gegenwärtigen)이다. 이런 일반적 구도 아래 하이데거는 그 각각의 경우를 설명하고 있다. 이 대목은 다음 항에서 더 자세하게 검토될 수 있다.

2) 배시적 배려의 이론적 인식으로의 변양과 그 변양의 시간성

주지하는 바와 같이, 하이데거는 비현존재적 존재자를 용재자와 전재자로 구분한다. 우리가 일차적으로 만나는 것은 용재자이다. 그리고 학문 연구란 현존재의 한 존재방식일 뿐이다. 그럼에도 일반적으로 학문 연구는 존재자를 용재자로서 대하지 않고 주관성의 배제라는 명분 아래 전재자로 대한다. 여기에서 문제되는 것은 "현존재가 학문 연구의 방식으로 실존할 수 있는 것을 가능하게 하는, 현존재의 존재 틀 속에 있는 실존론적으로 필연적인 조건들은 무엇인가"[20] 하는 것이다. 이 물음에 대해 하이데거는 세 단계로 나누어서 검토한다. 첫째, 용재자에 대한 배시적 배려의 학문 연구와 그 시간성; 둘째, 배시적 배려가 이론적 관조적 인식으로 변양하는 과정과 그 이유; 셋째, 전재자에 대한 이론적 인식의 시간성.

---

19 499쪽(S. 353). **20** 503~504쪽(S. 357).

첫째, 용재자에 대한 배시적 배려의 연구와 그 시간성 문제 하이데거의 실존론적 학문 이념으로는 학문 연구는 실존의 한 방식이고, 따라서 존재자의 발견이나 존재의 개시는 세계-내-존재의 양상이다. 그런데 고대 그리스 시대 이래 학문적 인식을 포함한 모든 인식의 기초는 '본다'에 둔다. 관심을 가지고 둘러보는 것을 '배시'(配視)라 함은 이미 알려진 일이다. 배시에서 만나는 존재자는 일차적으로 용재자이다. 용재자는 적소성 전체 속에서 전망되는데, 그것을 가능하게 하는 것은 현존재의 존재이해이다. "전망에 본질적인 점은 현사실적 배려가 적소 전체성을 일차적으로 이해하는 것이고, 현사실적 배려는 이 적소성 전체의 내부에서 그때그때 활동하기 시작한다."[21] 그런데 이 전망에서 배려되는 사상(事象)을 배시적으로 해석하면서 접근하는 현존재의 존재양식을 그는 고찰(Überlegen)이라고 한다. 고찰 고유의 도식은 '…이면 …이다'(wenn-so; if … then)이다. 이런 고찰에서는 먼저 적소성 전체에 대한 전망 속에서 사상을 예기하고, 이 예기에 상응해서 배려는 그 사상을 보유하여 그 사상의 구체적 용도성으로 돌아와서 현전화한다. 그리하여 배시적 현전화는 "시간성의 완전한 통일에 속한다. 그것은 현존재가 어떤 가능성을 배려하면서 예기하는 도구 연관을 보유하는 데 근거한다. 예기하면서 보유하는 가운데 이미 밝혀진 것을 더 가까이 가져오는 것이 고찰적 현전화 또는 현재화이다."[22] 이것은 1) '배시적 배려의 시간성'에서 본 바와 같이 '예기하면서-보유〔또는 망각〕하는 현전화'(die gewär-

---

21 506쪽(S. 359).   22 507쪽(S. 359).

tigend-behaltende [od. vergessende] Gegenwärtigen), 즉 적소성의 시간성이다.

둘째, 배시적 배려가 이론적·관조적 인식으로 변양하는 것은 어떻게 가능한가? 하이데거는 앞에서 말한 '…이면 …이다'의 구조 속에서 그 근거를 찾고 있다. 이 구조에서는 '…이면'이라고 말 걸어진 것은 '…으로서'(als das und das) 해석된다. 다시 말하면 그것은 '으로서-구조'(Als-Struktur) 속에서 이해되고 있다. 예컨대 '이 망치는 무겁다'는 말은 두 방면으로 해석될 수 있다. 그 하나의 방면은 '이 망치는 가볍지 않다', '이 망치를 쥐는 데는 힘이 든다', '조작하기가 어려우므로 다른 망치로 바꿔야겠다' 등 실존론적(배려적)으로 해석하는 것이다. 다른 또 하나의 방면은 '이 망치는 중량이라는 〈성질〉을 가지고 있다', '그것은 받침대에 압력을 가하고 있어서 받침대를 제거하면 낙하한다'고 해석하는 것이다. 망치를 질량적 존재자로 보는 것은, 그것을 작업도구로서가 아니라 중량의 법칙 하에 있는 존재자로서 주목하는 것이다. 그것은 용재자를 전재자로 새로이 눈여겨보는 것이다.

이때 존재이해에 전환이 일어난다. 망치를 용재자로 이해할 때의 적소성으로서의 '자리'는 이제 '시공(時空)상의 위치'가 되고, "다른 점과 비교해서 아무런 특성도 없는 〈세계점〉(世界点, Weltpunkt)이 된다. (…) 용재적 도구의 자리의 다양성은 순수한 위치의 다양성으로 변양될 뿐 아니라, 환경세계의 존재자는 모조리 한계를 철폐하게 된다."[23] 여기에서는 적소성과 관련된 모든 언표는 발붙일 자리를 잃고 만다.

셋째, 전재자에 대한 이론적 연구의 시간성 문제 전재자에 대한 연구를 선도하는 것은 특히 수학적 물리학이다. 이것은 자연을 수학적으로 기투하는 것이다. 이 [과학적] 기투행위의 전체, 즉 존재이해의 분절, 존재이해에 의해 인도되는 사상영역의 획정 및 존재자에 적합한 개념성의 밑그림 등 기투행위를 일괄해서 우리는 주제화라 부르거니와, 이 주제화를 또 객관화라고도 한다.

세계 내부적 전재자 곁에서 객관화되는 존재는 두드러진 현전화라는 성격을 가지고 있다. 두드러진 현전화가 특히 배시의 현재와 구별되는 것은, 당해 과학의 발견작용이 유일하게 전재자의 피발견성을 예기한다는 점에 있다.[24]

그리하여 과학적·이론적 인식으로의 변양의 시간성은 직관, 즉 두드러진 현전화에 근거한 예기라고 할 것이다. 그러나 여기에서는 기존의 계기에 대한 언급이 없다. 그 이유는 수학적 물리학을 대표로 하는 과학적·이론적 인식은 주로 예측[예기]과 설명[현전화]으로 구성되므로 기존의 계기는 없기 때문일 것이다.

3) 세계의 초월의 시간적 문제
'세계' 개념에 대해서는 이미 제I편 제3장 '세계의 세계성'에서 언급한 바 있다. 그런데 하이데거는 여기에서 이런 문제를 제기한다.

---

23 510쪽(S. 362).   24 512쪽(S. 363).

"현존재가 세계-내-존재로서 실존할 수 있기 위해서는 세계는 어떤 방식으로 존재해야 하는가?"[25] 세계의 존재방식에서는 두 가지가 검토된다. 하나는 세계의 초월성이고, 다른 또 하나는 세계의 시간성이다.

① 세계의 초월에 대하여

용재자에 대한 현사실적 배려나 전재자에 대한 인식적 주제화 등은 이미 세계를 전제하고 있다. 현존재는 아 프리오리하게 존재이해를 가지고 있거니와, 그것은 달리 말하면 현존재의 세계 개시성이기도 하다. "현존재에게는 세계가 개시되어 있지 않으면 안 된다. 현존재가 본질적으로 세계-내-존재로서 실존한다면, 세계는 현존재의 현사실적 실존과 함께 개시되어 있다."[26] "'현'의 개시성에서는 세계도 함께 개시되어 있다."[27] 현존재의 '현'(Da; 개시성)은 곧 세계의 '현'(Da)이기도 하다. "세계 내부적 존재자가 세계를 근거로 해서 만날 수 있기 위해서는 그 세계는 이미 탈자적으로 개시되어 있지 않으면 안 된다."[28] 다시 말하면, 세계는 존재자를 만날 수 있기 위해 선행적으로 개시되어 있는 기반이다. 세계는 초월적이다.

그뿐 아니라 현존재는 용재자를 사용하거나 전재자를 주제화하는 점에서 사용되거나 주제화되는 존재자를 초월해 있어야 한다. 현존재는 초월적이다. 마찬가지로 세계도 "탈자적 시간성의 지평적 통일에 근거하고 있기 때문에 초월적이다."[29] "현존재는 실존하면서

---

[25] 512쪽(S. 363). [26] 513쪽(S. 364). [27] 514쪽(S. 365).
[28] 515쪽(S. 366). [29] 같은 곳.

자기의 세계로 있다."[30] 현존재가 없는 세계도 없고, 세계 없는 현존재도 없다.

② 세계의 시간성에 대하여

현존재는 던져진 자로서 현사실적으로 자기 자신을 궁극목적으로 해서 실존한다. 현존재의 존재는 마음씀이라고 규정되었다. 마음씀의 존재론적 의미는 시간성이다. 이 시간성의 본질은 그러나 세 탈자태의 통일에 있어서의 시숙이라고 한다. "〔세〕 탈자태는 단순히 '…로의 탈출'이 아니다. 그렇기보다는 탈자태에는 탈출의 '어디로'(行方)가 속한다. 탈자태의 '어디로'를 우리는 지평적 도식(horizontale Schema)이라고 부른다."[31] 시간성이 탈자태라는 것은 이미 지적된 바이지만, 거기에서 중요한 것은 그 탈출이 어디를 향한 탈출인가 하는 것이다. 탈자적 지평은 그러나 세 탈자태에 있어서 제각기 다르다.

본래적이든 비본래적이든, 거기에서 현존재가 장래적으로 자기를 향해 도래하는 그 도식은 '자기를 위해'라는 궁극목적성이다. 현존재가 던져진 자로서, 정상성 속에서 자기 자신에게 개시되는 그 도식을 우리는 피투성이 마주치는 그것 또는 내맡겨지는 '거기'로서 파악한다. 이것은 기존성의 지평적 구조의 특징을 이룬다. 현존재는, 던져진 자로서 자기 자신에게 맡겨진 채, 자기 자신을 궁극목적으로 해서 실존

---

30 514쪽(S. 364).   31 같은 곳.

하면서, '…에 몰입해 있음'으로서 동시에 현전화하고 있다. 현재의 지평적 도식은 위하여(*Um-zu*)에 의해 규정되어 있다.³²

이 인용문을 정리해서 말하면, 시간성의 〔기투적〕 도래라는 지평적 도식은 현존재의 '자기를 위하여'라는 목적성이고, 현사실적 정상성의 지평적 도식은 〔존재자와〕 '마주치는 것' 또는 〔피투적 현존재가〕 내맡겨지는 '거기'이며, 이것은 동시에 기존성의 지평적 구조이기도 하다. 현전화로서의 현재의 지평적 도식은 '위하여'에 의해 규정되어 있다. 이것을 가지고 현존재를 다시 규정하면, "현존재는, 던져진 자로서 자기 자신에게 맡겨진 채, 자기 자신을 궁극목적으로 해서 실존하면서 '…에 몰입해 있음'으로서 동시에 현전화하고 있다"가 된다. 이것은 현존재의 피투성·현사실성·기투를 시간성의 탈자태에서 다시 규정한 것 이외에 다른 것이 아니다. 이것을 다시 부연하면 이렇게 말할 수 있다:

> 현사실적 현-존재와 함께 그때마다, 장래의 지평에서는 매양 존재가능이 기투되어 있고, 기존성의 지평에서는 〈이미 있음〉이 개시되어 있으며, 현재의 지평에서는 배시거리가 발견되어 있다.³³

"세계는 전재하지도 않고 용재하지도 않으며, 시간성 속에서 시숙한다. 세계는 세 탈자태의 '탈-자'와 함께 〈현-존재〉한다. 현존재

---

32 514쪽(S. 365). **33** 514~515쪽(S. 365).

가 실존하지 않는다면, 어떤 세계도 〈현〉-존재하지 않는다."[34] 세계의 시간성은 다름 아닌 현존재의 시간성이다.

3. 현존재적 공간성의 시간성

현존재의 공간성 역시 제I편 제3장의 C. '환경세계성의 주변성과 현존재의 공간성'에서 이미 논의된 주제이지만, 여기에서는 그것의 시간성을 검토하고자 한다. 현존재의 공간성은 현존재에게 허용된 공간의 '방향 엶'과 '거리 제거'에 의해 구성된다. '방향 엶'과 '거리 제거'에는 본질적으로 '방역'(方域)이라는 것이 속한다. 방역이란 환경세계적으로 자리잡게 될 용재적 도구의 가능한 귀속성을 가리킨다. 현존재적 공간성의 시간성이란 이런 것들의 시간적 구조를 말한다. 도구의 적소성의 제 관련은 개시된 세계의 지평에서만 이해될 수 있다.

〔현존재가〕 자기에게 방향을 열면서 방역을 발견하는 일은, 가능한 '여기로'와 '저기로'를 탈자적으로 '보유하면서 예기'하는 데 근거한다. 〔현존재가〕 자기에게 공간을 허용하는 것은, 방향을 열어서 방역을 예기하는 것이고, 이것과 등근원적으로 용재자와 전재자를 가까이하는 것〔거리 제거〕이다. (…) 가까이하는 것, 이와 마찬가지로, 거리를

---

34 515쪽(S. 365).

제거당한 세계 내부적 용재자의 내부에서 거리를 짐작하고 측정하는 것은, 현전화에 근거한다. 현전화는 시간성의 통일에 속하고, 이 시간성 안에서 방향 엶도 가능하게 되는 것이다.[35]

이 명제는 현존재의 공간성이 '보유', '예기' 및 '현전화'라는 시간성에 의해 구성된다는 것을 보여주고 있다. 거리 제거란 현존재의 일상적 존재방식으로 말하면 '가까이하는 것', '일에 몰두하는 것'이고, 이것은 달리 말하면 퇴락이다. 따라서 현존재의 공간성의 시간성은 퇴락의 시간성, 즉 비본래적 시간성이라고 할 것이다. '가까이함'은 현전화이고, 거기에 따라서 예기와 망각이 이어서 발원한다.

---

35 519쪽(S. 368f.).

제5장 시간성과 역사성

제5장의 과제 : 현존재의 역사성

이제까지 우리는 현존재의 존재를 가능하게 하는 것은 시간성이라 하고 그것을 선구적 결의성에 주목해서 성찰했으며(제3장), 나아가서 '시간성과 일상성'이라는 주제 아래 현존재의 개시성, 세계-내-존재의 시간성, 현존재적 공간의 시간성을 본래성과 비본래성으로 나누어서 검토했다. 그 과정에서 우리는 세계의 초월에 대해서도 언급했다(제4장).

그것은 '죽음에로의 선구'를 통해 현존재의 전체성을 보장받고 있다는 전제 하에 수행된 것이다. 그러나 사실 죽음은 현존재의 전체를 둘러싸고 있는 하나의 끝에 불과하다. 또 하나의 끝은 '시작', 즉 탄생이다. 뿐만 아니라 '탄생과 죽음 사이', 즉 '생의 연관'도 건너뛰고 말았다. 선구 쪽만을 주목한 하이데거는 이렇게 고백한다.

그러고 보면 분석론의 이제까지의 오리엔테이션은, 실존하는 전체 존재를 전적으로 겨냥하는 경향을 취했음에도 불구하고, 또 본래적 또는 비본래적 '죽음에 이르는 존재'를 진정으로 설명했다 하더라도, 〈일면적〉인 것에 불과하다. 현존재는 말하자면 〈앞을 향해서〉 실존하고, 기존적인 것은 모두 〈자기 뒤〉에 방치하는 그런 자로서만 주제화되었다. 처음을 향한 존재뿐 아니라 무엇보다도 탄생과 죽음 사이, 즉 현존재의 삶의 신장(伸張)이 주목되지 못했다. 현존재는 어떻게든 생의 연관 속에서 자기를 부단히 지탱하고 있는 자인데, 전체 존재를 분석할 때 바로 이 〔탄생과 죽음 사이의〕 〈생의 연관〉이 간과된 것이다.[1]

현존재의 전체성을 파악하려면 죽음 쪽만 주목해서는 안 되고, 동시에 탄생 쪽도, 양자 사이의 생의 연관도 고려해야 한다. 탄생과 죽음 사이의 삶의 신장(Erstreckung)을 그는 또 생의 연관(Zusammenhang des Lebens)이라고 한다. 현존재는 사실 탄생과 죽음 사이(삶의 신장), 즉 그 연관으로서의 삶을 동적(動的)으로 살고 있다. 이런 현상을 그는 아래와 같이 서술하고 있다.

> 현사실적 현존재는 탄생하면서 실존하고, '죽음에 이르는 존재'라는 의미에서는 이미 탄생하면서 죽는다. 두 〈끝〉과 그 〈사이〉는 현존재가 현사실적으로 실존하는 동안에만 있으며, 〔두〕 끝과 사이는 현존재가 오직 마음씀으로서의 현존재의 존재를 근거로 해서 가능한 것처럼 그렇게 있다. 피투성과, 도피하거나 '죽음에로 선구하는 존재'와의 통일에 있어서, 탄생과 죽음은 현존재적으로 〈연관되어 있다〉.[2]

이것은 다른 존재자와 달리 현존재에게만 독자적인 삶의 양상이

---

[1] 526쪽(S. 372).   [2] 528쪽(S. 374).

다. 특히 실존의 동성—생의 연관—은 전재자의 운동과 다르다. 현존재의 신장의 동성(動性), 즉 생의 연관이라는 동성을 하이데거는 현존재의 생기(生起, Geschehen des Daseins)라 한다. 생기와 관련해서 그는 이렇게 말한다.

> 실존의 동성은 현존재의 신장에 입각해서 규정된다. 신장된 자기 신장(das erstreckte Selbststrecken)이라는 이 특유의 동성을 우리는 현존재의 생기(Geschehen)라 부른다. 현존재의 〔생의〕〈연관〉에 대한 물음은 그의 생기에 대한 존재론적 문제이다. 생기의 **구조**와 그 구조의 실존론적-시간적 가능성의 조건들을 노현하는 것은, 역사성의 실존론적 이해를 획득하는 것을 의미한다.[3]

Geschichte(역사)가 Geschehen에서 유래한다는 것은 알려진 일이지만 사실 Geschehen은 번역하기 어려운 낱말이다. 우리는 어쩔 수 없이 '생기'(生起)라고 옮기지만 생기라는 말은 대개 자연현상의 변화〔발생, 야기〕를 가리키는 것 같기 때문이다.

하이데거는 '생기'에 대해 본질적으로 해석하고 있다. 생기는 현존재 특유의 동성이다. 신장은 '탄생과 죽음 사이'이고, 동성은 그 사이의 '생의 연관'을 의미한다. 그리고 그 신장은 타자에 의해 신장된 것이 아닌 현존재 자신의 삶의 신장이므로 '자기 신장'이라고 한 것이다. 중요한 것은 생기가 현존재의 역사성을 형성한다는 것이다.

---

[3] 529쪽(S. 374f.).

그리하여 하이데거가 말하는 '역사'는 우리가 상식적으로 알고 있는 그런 '역사'(history)가 아니라 '현존재 자신의 생기'인 것이다. 이것이 Geschehen에 대한 하이데거의 해석이다.

이 제5장에서 하이데거가 다루고 있는 주제는 세 가지이다. 첫째, 역사의 본질에 접근하는 출발점으로서 그는 통속적 역사 개념을 다룬다. 역사적인 것은 근원적(일차적)으로 현존재이고, 이차적으로는 세계 내부적 존재자이다. 둘째, 역사성의 실존론적 구성을 위한 실마리는 현존재의 선구적 결의성으로서의 시간성이 제공한다. 역사성은 마음씀에 근거한다. 따라서 현존재의 본래적 실존과 비본래적 실존에 따라 역사성도 본래적이거나 비본래적인 역사성으로 구분된다. 전자는 앞에서 말한 근원적 역사성이고, 후자는 이차적으로 역사적인 것, 즉 세계–역사이다. 셋째는 학문으로서의 역사학의 가능 근거에 대한 실존론적 해석이다. 하이데거는 역사학이 존재론적으로는 현존재의 역사성에서 유래한다는 것을 입증한다.

1. 역사의 통속적 이해와 현존재의 생기

하이데거는 역사의 본질에 대한 근원적 물음을 위한 착수점으로서 먼저 통속적 역사 개념을 검토한다. 그는 역사학적 의미로서의 역사 개념을 배제하고, '역사'(Geschichte)라는 말이 의미하는 바가 무엇인가를 살펴본다. 역사라는 말은 첫째, '지나가버려서 지금은 이미 없지만 현재에 영향을 미치고 있는 것'을 가리킨다. "어쨌든 지나간 것으로서의 역사적인 것은, 〈지금〉과 〈오늘〉에 현실적(wirklich)이라는 의미에서 〈현재〉에 대해 적극적 또는 소극적 영향관계 속에서 이해되고 있다."[4] 그리스 신전의 유적이 그 예이다.

둘째, 역사는 과거로부터의 '유래'(Herkunft)를 가리킨다. 여기에서는 역사는 생성(Werden)과 관련되고, 그래서 역사는 흥망(興亡)으로 전개된다. "그렇게 〈역사를 가지고〉 있는 것은 동시에 역사를 〈만들〉 수도 있다. 역사를 만드는 것은 〈신기원을 이루면서〉〈현재적으로〉〈미래〉를 규정한다."[5] 역사는 과거·현재·미래를 관통하는 사건연관 내지 영향연관을 의미한다.

셋째, 역사는 〈시간 안〉에서 변전(變轉)하는—자연을 제외한—인간, 인간집단 및 인간의 〈문화〉의 변천과 운명을 의미한다. 이때 역사는 자연과 구분되는 존재자의 영계(領界)를 가리킨다.

넷째, 역사는 '전승된 것'(Überliefertes)을 가리킨다. 여기서 말하는 '전승된 것'은 역사학적으로 인식된 것일 수도 있고, 은폐되어 있는 것일 수도 있다.

이렇게 열거한 네 가지 뜻을 하나로 요약해서 하이데거는 다음과 같이 규정한다.

역사란 시간 안에서 일어나는, 실존하는 현존재 특유의 생기이다. 더욱이 그때 상호존재 속에서 〈지나갔으나〉 동시에 〈전승되어〉 계속 영향을 미치는 생기가 강조된 의미에서 역사로 간주된다.[6]

---

[4] 533쪽(S. 378). [5] 같은 곳. [6] 534쪽(S. 379).

'현존재 특유의 생기'라고 했거니와, 현존재의 역사성에 특유한 것은 무엇인가? 생기는 어떤 방식으로 현존재에 속하는가? 역사에 있어서는 늘 과거가 주목할 만한 우위를 점하고 있다. 과거적인 것은 역사적인가? 박물관의 '고대유물〔도구〕'은 한편으로는 '지나간 시대'에 속하면서도 사라지지 않고 현재 속에 전재적으로 있다. 그것이 역사적으로 되는 이유는 무엇인가? 일찍이 그 사물이었던 것, 그러나 오늘은 이미 그 사물이 아닌 것, 그것이 그 사물〔유물〕로 하여금 역사적이게 한다. 그 지나가버린 것은 '도구로서 사용할 수 없다'는 것이 아니다. 여전히 사용 가능한 것도 있다. 지나가버린 것은 그 도구가 거기에 속했던 '세계'이다. 그 유물은 일찍이 그것이 속했던 세계 속에서 현존재가 배려하는 도구로서 사용되고 있었다. 그 도구의 세계가 사라져버린 것이다. 그러면서도 그 세계에 일찍이 세계 내부적이었던 것은 아직도 전재적으로 있다. 그것이 유물이다.

세계는 그러나 세계-내-존재로서의 현존재의 한 구성요소이므로 엄격하게 말하면 세계는 지나가서 없어질 수 없는 것이다. 〔지금〕 실존하지 않는 현존재는 존재론적으로는 기-현존적(da-gewesen)이라고 해야 한다.

아직도 전재적으로 있는 고대유물이 〈과거성격〉과 역사성격을 갖는 근거는, 그것이 기현존적 현존재의 기존적 세계에 도구로서 속하고 또 그 세계로부터 유래한다는 데 있다.[7]

---

[7] 536쪽(S. 380f.).

이와 같이 고대유물은 오직 역사 귀속성을 근거로 해서 역사적으로 되지만, 거기에서는 현존재의 기-현존성이 일차적 규정성으로서 작용한다. 그러므로 "이 '기-현존적 현존재'가 일차적으로 역사적인 것이다."[8] 현존재만이 근원적·일차적으로 역사적이다. 그리고 세계가 역사적이라는 존재양식을 갖는 이유는 세계가 현존재적 규정성을 형성하고 있기 때문이다.

이차적으로 역사적인 것은 세계 내부적으로 만나는 것, 즉 가장 넓은 의미의 용재자만이 아니라 〈역사적 지반〉으로서의 환경세계적 자연이다. 현존재가 아닌 존재자가 자기의 세계 귀속성을 근거로 해서 역사적으로 되는 것을 우리는 '세계역사적인 것'이라 부른다. 〈세계역사〉라는 통속적 개념은 바로 이렇게 이차적으로 역사적인 것에 정위하는 데서 유래한다는 것이 밝혀진다.[9]

일차적으로 역사적인 것은 역사형성의 근원인 현존재이고, 이차적으로 역사적인 것은 현존재가 아닌 [자연까지 포함한] 존재자이다. 후자가 역사적으로 되는 이유는 그 비현존재적 존재자가 현존재의 세계에 속한다는, 즉 세계 귀속성이라는 데 있다. 이하에서 하이데거는 이 두 가지를 '역사성의 기본 틀'[본래적 역사성]과 '현존재의 역사성과 세계역사'[비본래적 역사성으로서의 세계역사]로 나누어서 고찰한다.

---

8 536쪽(S. 380f.).   9 537쪽(S. 381).

2. 역사성의 근본 틀

일상적 현존재는 공동 현존재로서 피투적·현사실적으로 실존한다. 우선 대개 그는 세인이다. 그것을 하이데거는 또 아래와 같이 되풀이해서 설명하고 있다.

> 현존재는 던져져서 어떤 〈세계〉에 의존해 있으며, 현사실적으로 타자들과 함께 실존한다. 우선 대개 [현존재의] 자기는 세인 속에 상실되어 있다. 현존재는, 그때그때 오늘의 〈평균적〉이고 공공연한, 현존재의 피투성 속에서 〈통용되고 있는〉 여러 실존 가능성들에 입각해서 자기를 이해한다. (…) 본래적 실존적 이해라 하더라도, 이렇게 [평균적 공공성에서부터] 넘어오는 피해석성으로부터 피하기는커녕 그때마다 그 피해석성에서 출발하여 거기에 대항하면서도 결국 거기에 편승해서 선택한 가능성을 결의해서 포착한다.[10]

세인은 세상 사람들이 자기를 해석하는 데 따라서 자기를 해석하고—이것을 세인의 피해석성이라 한다—세상 사람들의 눈에 맞추어서 자기를 선택한다. 그것은 비본래적이다. 그런데 본래적 실존적 이해는 이런 피해석성을 회피하지 않고 거기에서 출발하여 거기에 편승하면서도 거기에 대항하여 선택한 자기의 존재 가능을 결의해서 포착한다. 본래적 실존적 이해가 세인의 해석에 저항하여 자각적

---

[10] 540쪽(S. 383).

으로 자기를 선택하게끔 하는 그것을 하이데거는 유산(Erbe)이라 한다.

이 유산이라는 개념은 '숙명'(Schicksal), '운명'(Geschick)과 함께 하이데거의 역사성 개념을 형성하는 기본 개념이다. 그럼에도 그는 이 개념들에 대해 설명하지 않고 있다. 다만 그 낱말 사용의 전후 맥락에 따라 우리 나름으로 이해할 수밖에 없다.

'유산'이란 현존재가 물려받은 전통, 특히 현존재가 자기의 세계-내-존재를 구성하는, 그 세계를 형성하는 데 중요한 것이라고 실존론적으로 자각하는 전통을 가리킨다. 『야인시대』라는 TV 드라마 속에서는, 주인공 김두한이 자기 아버지인 독립군 사령관 김좌진 장군의 반일 투쟁정신을 이어받아 그것을 자기 주먹의 사명으로 삼고 있다. 일경에 대한 목숨을 건 저항이 있고, 홈마찌패와의 아슬아슬한 대결과 타협도 있다. 거기에는 장군의 영예도 있으려니와 책임도 있고 그 시대와 정세에 따르는 위험부담도 있다. 그럼에도 주인공은 그 정신을 자기의 유산으로서 실존적으로 투철하게 자각하고 있다. 이것이 본래적 의미의 유산이고, 또한 본래적 역사성 형성의 계기라고 할 것이다. 유산에는 자각의 계기가 필수적이다. 아무리 훌륭한 전통이라도 그것을 자각적으로 인수하지 않으면 유산이 될 수 없을 것이다.

운명이니 숙명이니 하는 말은 소극적·의타적이고 맹목적인 이미지를 지니고 있어서 현대인에게는 그다지 환영받지 못하는 개념이다. 그러나 그런 우리의 고정관념과는 반대로 하이데거는 이 말을 적극적으로 수용한다. 숙명이라는 말을 그는 '자기 존재의 유한성에 대한 자각'이라는 뜻으로 사용하고 있다. 숙명은 현존재가 스스로 인수하고 선택하는 것이지, 타자에 의해 주어지거나 결정되는 것이 아니며, 여러 정세와 사건들의 충돌로 인해 생기는 것도 아니다. 시간적으로 유한한 현존재를 스스로 드러내는 것이 숙명이다. 현존재는 이 숙명의 자각을 통해 자기의 본래적 존재 가능을 결의하여 선택한다. 그 예로 우리는 윤봉길 의사의 투폭의거(投爆義擧)를 들 수 있다. 현존재가 죽음을 두려워하지 않고 결의해서 선택하는 행위야말로 본래적이지 않을 수 없거니와, 그것이 숙명이다. 비본래적 선택은 따라서 숙명적이지도 않고 본래적 역사성을 가질 수도 없다.

죽음을 향해 자유롭다는 것만이, 현존재에게 단적으로 목표를 주고, 실존을 그 유한성 속으로 밀어 넣는다. 이렇게 파악된 실존의 유한성은 유쾌함, 경솔함, 태만 등 분출하는 신변적 〔퇴락〕 가능성들의 무한한 다양성으로부터 현존재를 도로 끌어당겨서 그의 숙명의 단순성 속으로 밀어 넣는다. 숙명이란 본래적 결의성 속에 놓여 있는, 현존재의 근원적 생기를 가리킨다.[11]

하이데거에 따르면, 현존재가 숙명의 양상으로 실존할 수 있을 때 그는 역사적으로 존재한다. 현존재가 숙명의 양상으로 실존한다 함은 현존재가 죽음에 이르는 존재로서 스스로 유한한 존재임을 자각하고, 죽음에로 선구함으로써 죽음을 향해 자유롭게 되는 것이다.

---

11 540쪽(S. 384).

현존재의 존재 속에 죽음, 책임, 양심, 자유, 유한성 등이 함께 할 때 그 현존재는 숙명의 양상으로 실존한다. 그리고 그렇게 해서 현존재는 역사적으로 되는 것이다.

숙명은 유한한 현존재의 자각이므로 외부에서 밀어닥치는 집단적 힘에 대해서는 그지없이 무력하지만 자기의 실존 가능성의 선택에 있어서는 결연한 압도적 힘이다. 숙명은 현존재가 자기 책임 하에 자기의 실존 가능성을 결의하고 선택하는 존재양상이다.

'운명'이라는 말은 집단의 숙명을 가리킨다. 가령 '공동체의 생기', '한 민족의 생기'를 하이데거는 운명이라고 한다.

> 그러나 숙명을 지닌 현존재는 세계-내-존재로서 본질적으로 타자들과의 공동존재 속에서 실존하므로, 현존재의 생기는 공동생기이고 운명이라고 규정된다. 운명을 우리는 공동체의 생기, 즉 민족의 생기라고 표시한다.[12]

운명은 현존재와 타자와의 공동존재에 기초한다. 따라서 사람들은 자기가 속하는 집단, 즉 국가·민족·종교 등이 역사의 흐름 속에서 나타내는 운명을 공유하고 자각하지 않으면 안 된다. 그러나 가령 '인류의 운명'이라고 말할 수 있는지 어떤지, 그 집단의 크기에 대해서는 시사하는 바가 없다.

이런 여러 사정을 종합하여 하이데거는 아래와 같이 정리한다.

---

[12] 541쪽(S. 384).

본질적으로 자기의 존재에 있어서 **장래적이고**, 그래서 자기의 죽음을 향해 자유롭기 때문에 죽음에 직면하여 부서지면서 자기의 현사실적 '현'으로 되던져지도록 할 수 있는 존재자만이, 즉 도래적이면서 등근원적으로 **기존적으로** 있는 존재자만이, 상속된 가능성을 자기 자신에게 전승하면서, 독자적 피투성을 인수하여 〈자기의 시대〉를 향해 **순간적으로**[13] 존재할 수 있다. 본래적이고 동시에 유한한 시간성만이 숙명이라고 하는 그런 어떤 것, 즉 본래적 역사성을 가능하게 한다.[14]

장래적-기존적-순간(선구적으로 회복하는 순간)이라는 시간성은 곧 선구적 결의성이다. 선구적 현존재만이 자기의 죽음을 향해 자유로울 수 있고, 또한 자기의 기존성을 현사실 속으로 인수할 수 있다. 피투적 현존재만이 상속된 유산을 자신에게 전승할 수 있다. 피투적·선구적 현존재라야 자기를 현사실적 '현' 속에 되던져지도록 할 수 있고, 그런 현존재는 또한 자기의 시대를 향해 순간적으로 존재할 수 있다. 그 현존재는 본래적 역사성을 가질 수 있다. 이것이 현존재의 역사성의 근본 틀이다. 한마디로 말하면 역사적 존재라 함은 선구적 결의성 이외의 다른 것이 아니다. 그리하여 하이데거는 이렇게 결론을 맺는다: "죽음에 이르는 본래적 존재, 즉 시간성의 유한성이 현존재의 역사성의 숨은 근거이다."[15] 이와 같이 선구적 결의성 속에 놓여 있는 생기에 맞춘 역사성이 현존재의 본래적 역사성이다.

---

13 여기서 말하는 '순간(Augen·blick)은 눈을 크게 뜨고 본다'는 실존론적 현사실성을 가리킨다. 이 책 203쪽 참조.
14 542쪽(S. 385). 15 543쪽(S . 386).

3. 현존재의 역사성과 세계역사

역사성이 현존재의 존재에 속한다면 앞에서 소개한 본래적 현존재의 역사성과 마찬가지로 비본래적 현존재도 마땅히 역사적이라 한다. 후자를 우리는 저 앞에서 이차적 역사로서의 세계역사라고 했다. 그것은 무엇을 의미하며 어떻게 가능한가?

비본래적 현존재는 우선 대개 일상성 속에서 실존한다. 그는 환경세계적으로 만나는 용재자를 배시적으로 배려하고 타자를 고려하면서 자기를 이해한다. 그러면서 그는 업무를 추진하고 무엇인가를 만들어내기도 하며 사건을 처리하기도 한다. 그는 세계-내-존재로서 그때그때의 자기의 가능성을 향해 기투하면서 실존한다. 그때 세계는 그 무대로서 또는 지반으로서 전제되어 있다. 현존재의 역사성은 세계-내-존재로서 실존하는 존재자가 역사적이라는 말이다. 역사의 생기는 세계-내-존재의 생기이다.

현존재의 역사성은 본질적으로 세계의 역사성이고, 세계의 역사성은 탈자적-지평적 시간성을 근거로 해서 이 시간성의 시숙에 속한다. (…) 역사적 세계-내-존재의 실존과 함께 용재자와 전재자는 그때마다 이미 세계의 역사 속에 편입되어 있다.[16]

이 입장에서 보면 현존재가 사용하던 모든 용품, 현존재가 만든

---

16 546쪽(S. 388).

제도 등은 말할 것도 없고, 자연까지도 역사적이라고 해야 한다. 그리하여 자연사〔박물지〕를 말할 때를 제외하고는, 풍경, 식민지, 개척지, 진징(戰場), 예배소 등도 모두 역사적이다. 그리고 그런 존재자들을 하이데거는 세계-역사적인 것(Welt-Geschichtliches)이라고 한다. 이 낱말에는 이중의 의미가 담겨 있다.

첫째, 그 본질상 현존재와 존재적 통일을 이루고 있는 세계의 생기를 의미한다. 그러나 동시에 〔둘째〕 그 표현은, 현사실적으로 존재하는 세계와 함께 그때그때 세계 내부적 존재자가 발견되는 한, 용재자와 전재자의 세계 내부적 〈생기〉를 가리킨다.[17]

여기서 말하는 역사적 세계는 현사실적으로 세계 내부적 존재자의 세계만을 가리킨다. 그런데 도구나 제품과 함께 생기하는 것은 동성(動性)이라는 독자적 성격을 가지고 있다. 예컨대 '수교(手交)되어서 손가락에 끼워진 결혼 반지'가 그것이다. 그런데 이 동성을 어떻게 설명할 것인가, 단순한 장소 이동으로만 볼 것인가—이런 문제는 세계-역사의 〈경과〉와 사건에도 〈자연의 참사〉에도 있을 수 있다. 그러나 하이데거는 이 성격이 여태껏 완전히 불명료한 채로 있다고 하면서 더 이상 추구할 것을 단념하고 있다. 그것은 역사가들의 몫이기 때문이다.

하이데거는 본래적 현존재의 역사성과 비본래적 현존재의 역사

---

17 547쪽(S. 389).

성을 대비해서 아래와 같이 설명한다:

> 비본래적 역사성에 있어서는 숙명의 근원적 신장성은 은폐되어 있다. 현존재는 세인-자기로서는 자기의 〈오늘〉을 무상하게 현전화한다. 목전의 새 것을 기대하기 때문에, 그 현존재는 낡은 것은 벌써 잊어버리고 만다. 세인은 선택을 회피한다. 제 가능성에 대해 맹목적이기 때문에, 그는 기존의 것을 회복하지 못하고, 기존적 세계-역사적인 것 중에서 잔존하는 〈현실적인 것〉, 즉 잔재물과 그것에 관한 전재적 지식을 보유하고 있을 뿐이다. 그는 오늘의 현전화 속에서 자기를 상실하고, 〈과거〉를 〈현재〉로부터 이해한다. 이에 반해 본래적 역사성의 시간성은, '선구적으로 회복하는 순간'으로서 오늘의 탈현전화이고, 세인의 습관성으로부터의 탈각이다. 이와 반대로, 비본래적으로 역사적인 실존은 그 자신에게는 알 수 없게 된 〈과거〉의 유물을 짊어지고 '현대적인 것'을 찾는다. 본래적 역사성은 역사를 '가능한 것의 〈회귀〉'로서 이해하고, 그리하여 가능성이 회귀하는 것은 오직 결의한 회복에서 실존이 숙명적-순간적으로 그 가능성을 향해 개방되어 있을 때만이라는 것을 안다.[18]

---

18 550쪽(S. 391).

4. 역사학의 실존론적 근원

역사학이란 과거의 일에 대한 학문적 개시이다. 역사에 대한 개시로서의 역사학은 그 존재론적 구조상 현존재의 역사성에 근거한다. 다시 말하면 역사학은 현존재의 역사성에서 실존론적으로 연원한다. 이 장은 이것을 구명하고자 하거니와, 그것은 두 단계로 진행된다. 1) 역사학적 연구의 주제적 대상의 성격, 2) 역사학적 연구의 수행 방식이 그것이다.

1) 역사학적 연구의 주제적 대상의 성격

역사학은 역사적 존재자의 개시를 고유한 과제로 삼는다. 그러려면 먼저 그 역사적 존재자를 주제화해야 한다. 여기서 말하는 역사적 존재자란 물론 역사적 현존재를 가리킨다. 역사학은 이 역사적 현존재를 겨냥해서 주제화하는 것이다. 그런데 그때의 역사적 현존재는 기현존적 현존재(dagewesenes Dasein)이다. 하이데거의 말을 빌리면 다음과 같다.

> 그리하여 현존재가 그리고 오직 현존재만이 근원적으로 역사적이기 때문에, 역사학적 주제화가 연구의 가능한 대상으로서 미리 제시하고 있는 것은 기현존적 현존재라는 존재양식을 가지고 있지 않으면 안 된다.[19]

---
[19] 553쪽(S. 393).

역사학의 주제적 연구 대상은 기현존적 현존재라는 존재양식을 가지고 있다. 그 기현존적 현존재와 함께 그의 세계도 기현존적 세계임은 말할 것도 없다.

역사학적 연구에 따르는 자료는 기현존적 현존재를 구체적으로 개시하는 범위 안에서 자료일 수 있다. 즉 자료가 역사적 자료로 될 수 있는 이유는 "그것들이 독자적 존재양식상 **세계-역사적** 성격을 지니고 있기 때문이다. 그리고 그것들은, 처음부터 세계 내부성에서 이해되고 있다는 것 때문에 비로소 자료가 되는 것이다."[20]

2) 역사학적 연구의 수행 방식

기현존적 현존재를 주제화해서 역사학적으로 탐구하는 것은 어떻게 수행되는가? 그것은 현존재의 본래적 역사성 및 거기에 속하는 기현존재(Dagewesenes)의 개시, 즉 기현존적 현존재의 그 기존성의 '회복'에 적합하게 수행되어야 한다. "이 회복은 기현존적 현존재를 그의 기존의 가능성에서 이해한다. 그렇다면 본래적 역사성에서의 역사학의 〈탄생〉이 의미하는 것은, 역사학의 대상의 일차적 주제화는 기현존적 현존재를 그의 가장 독자적 실존 가능성으로 기투한다는 것,"[21] 다시 말하면 기현존적 현존재를 그 가장 독자적 실존 가능성으로 회복하는 것이다.

[20] 553쪽(S. 393). [21] 554쪽(S. 394).

제6장 통속적 시간 개념의 근원

제6장의 과제 : 통속적 시간 개념

앞 장에서 하이데거는 현존재의 시간성에 입각해서 현존재의 역사성을 검토하고, 나아가서 이 현존재의 역사성에 근거해서 역사학이 성립한다는 것을 피력했다. 말하자면 현존재의 역사성의 문제는 현존재의 시간성의 연장선상에 있는 것이다. 그런데 현실적 역사는 '시간 속'에서 진행한다. 비단 역사뿐 아니라 모든 생성변화는 '시간 속'에서 발생해서 그 속에서 진행하다가 그 속에서 끝난다. 현존재의 존재 의미는 시간성이라 하더라도 실지로 우리의 삶은 이 '시간 속'에서 영위되고 있다. 일반적으로 시간 속에 있는 존재자를 하이데거는 시간 내부적(innerzeitig) 존재자라 한다. 모든 생기는 시간 내부적 생기이다. 우리가 말하는 시간이란 사실 이런 시간이다.

우리는 '시간이 걸린다', '시간이 있다 또는 없다'고 하며, '시간을 번다'고도 하고 '시간을 놓친다'고도 한다. 시간은 사람과 그의 처지에 따라 길기도 하고 짧기도 하다. 시간이란 주관적인 것인가, 객관적인 것인가, 또는 '있다', '없다'고 말할 수 있는 것, '얻거나 잃을' 수 있는 것, 쉽게 말해서 '실체적인 것'인가? 시간이 실체적인 것이 아니라는 것은 시간성이 '시숙한다'는 표현만으로도 이미 짐작되지만, 어쨌든 지금까지 검토해온 역사성의 실존론적·시간적 분석과 정에서는 위에서 말하는 시간에 대한 발언은 금지되어 있었다. 그러나 시간성과 이런 시간과는 어떤 관계에 있는가?

제6장에서 다루어질 주제는 세 가지이다. 첫째는 현존재의 시간성의 일부(日附) 가능성(Datierbarkeit)의 문제이고, 둘째는 시간의 공공화(Veröffentlichung der Zeit)와 세계시간(Weltzeit)의 문제이며, 셋째는 통속적 시간(vulgäre Zeit) 개념의 발생이다. 이것으로 시간론은 끝나는 셈이다.

부록으로 그는 § 82(시간성, 현존재 및 세계시간의 실존론적-존재론적 연관과, 시간과 정신 사이의 관계에 대한 헤겔의 견해와의 대조)에서 헤겔의 시간 사상과 자기의 시간론이 어떻게 다른가를 검토하고 있다. 헤겔에서는 역사는 본질적으로 정신의 역사이다. 그러나 역사는 자기 실현을 위해 시간 속에서 진행한다. 역사의 발전은 정신이 시간 속으로 떨어지는(fallen) 것이다. 헤겔의 문제는 따라서 초감성적 정신이 스스로 발전하기 위해 어떻게 감성적이고 추상적인 시간 속으로 떨어지는가 하는 것이다. 하이데거가 말하는 현존재의 존재는 그러나 시간 속에 떨어지는 것이 아니라, 처음부터 시간성에 의해 가능한 것이다. 현존재는 발전하지도 않지만 더구나 발전하기 위해 시간 속으로 떨어지는 존재자가 아니다.

그럼에도 하이데거가 헤겔의 시간 사상을 여기에 소개하는 의도는 무엇인가? 아리스토텔레스로부터 시작된 통속적 시간 개념이 헤겔에 이르러 완성되었다는 것을 보이기 위해서인가? 그보다는 자기와 마찬가지로 인간존재를 시간과 관련해서 보는 철학자가 일찍이 있었다는 것을 알리려는 데 있는 것이 아닌가? 헤겔의 시간 사상에 관해서는 졸저 『시간의 철학적 성찰』(2001, 문예출판사)에서 자세하게 논술한 바 있으므로 여기에서는 생략한다. 최후의 §83(현존재의 실존론적-시간적 분석론과 존재 일반의 의미에 대한 기초 존재론적 물음)은 이 『존재와 시간』의 처음의 구상대로라면 제I부 제III편 '시간과 존재'에로의 이행으로 간주될 수 있을 것이다. 왜냐하면 이 책의 최후의 두 문단은 이 이행을 겨냥한 비장한 결의가 표명되어 있기 때문이다. 나는 그것을 이 책의 마지막에 에필로그로서 소개한다.

1. 현존재의 시간성의 일부(日附) 가능성

우리는 이 제II편 제4장에서 배시적 배려가 '예기하면서-보유(또는 망각)하는-현전화'라는 비본래적 시간성에 근거함을 보았다. 그런데 누가 "〈그때〉에는―그것이 발생해야 할 텐데, 〈그 전〉에―저 일은 끝장을 보고, 〈지금〉은―〈저때〉에 실패해서 놓친 일이 만회되어야지"[1]라고 일상적으로 말한다고 하자. 이 표현들은 저 배시적 배려의 비본래적 시간성에 근거한다. 즉 '그때'는 배려의 '예기'에, '저때'는 배려의 '보유(또는 망각)'에, 그리고 '지금'은 배려의 '현전화'에 의거한다. 여기에 주목할 만한 현상이 있다. 그 현상이란, 첫째, 이 시간성에는 '지금', 즉 '현전화'가 중심으로 되어 있다는 것과, 둘째,

---

[1] 570쪽(S. 406).

'지금'(jezt), '그때'(dann), '저때'(damals)에 근거해서 일부(日附, 날짜 매김) 가능성이 성립한다는 것이다.

첫째, '그때'와 '저때'에는 '지금은 이미 아님'과 '지금은 아직 아님'이라는 시사가 숨어 있다. 다시 말하면 '지금'이 '이미 없음'과 '아직 없음'의 기준 또는 준거로서 기능하고 있다. 그 지금은 늘 '지금, 지금·지금, …'이다. 이 현전화를 중심으로 예기의 지평은 '이후'이며, 보유의 지평은 '이전'이 된다.

둘째, '지금', '그때', '저때'는 일부화(日附化)의 기초이다. 이에 대해 하이데거는 이렇게 말한다.

> 그러나 〈그때〉는 모두 그 자체로는 〈…할 그때〉이고, 〈저때〉는 모두 〈…한 저때〉이며, 모든 〈지금〉은 〈…하는 지금〉이다. 〈지금〉, 〈저때〉 및 〈그때〉라는 자명해 보이는 이 관계구조를 우리는 일부 가능성이라 부른다.[2]

일부화란 이와 같이 '…할 그때'를 '그때'로, '…한 저때'를 '저때'로 그리고 '…하는 지금'을 '지금'이라고 환경세계적 사건이나 용재자에 대한 배려적 해석에 의거해서 그 '때'(날짜)를 매기는 것이다. 즉 어떤 존재자에 대한 현존재의 배려적 해석을 추상하고 그 '때'만으로 시간을 지칭하는 것이 일부화이다. 그러므로 일부 가능성의 근거는 근원적으로 현존재의 배려적 시간성에 있는 것이다. 가령 '지

---

2 571쪽(S. 407).

금'은 '지금―문 두드리는 소리가 들리는 때' 등이 그것이다. 그리고 그것을 우리는 시간이라고 한다.

> 〈…하는 지금〉 속에는 현재의 탈자적 성격이 있다. '지금', '그때', '저때'라는 일부 가능성은 〔현존재의〕 시간성의 탈자적 틀의 반영(反映)이며, 그렇기 때문에 언표되는 시간 자체에 본질적이다.³

배려적 시간성이 탈자태를 가지고 있다는 것은 이미 살펴본 바 있다. 이 탈자태로 인해 시간성은 지평을 가질 수 있다. 일부화된 시간은 현존재의 시간성의 탈자적 틀의 반영이므로 지평을 갖는다. 그리하여 '지금'의 지평은 '…하는 오늘'로, '그때'는 '…할 이후'로 그리고 '저때'는 '…한 이전'으로 신장폭(Spannweite)을 늘여서 일부화할 수 있다. '지금'을 '식사 중', '수업 중'이라고 하는 것은 신장 폭을 늘여서 말하는 예이다. 그 신장 폭은 사람에 따라 다르다. 채무자의 '오늘'과 천체 물리학자가 말하는 '오늘'이 같을 수는 없기 때문이다.

2. 공공적 시간과 세계시간

배려적 시간의 일부화는 공공적 시간으로 가는 첫걸음이다. 현존

---

3 573쪽(S. 408).

재는 태양의 자식으로서 피투적 존재자이므로 그의 삶은 태양의 운행 리듬에 맞추어서 영위된다. 일출(日出)과 일몰(日沒)과 정오(正午)는 일부화가 가능한 두드러진 자리이다. 예컨대 해가 떠오르는 것에 의거해서 '그때'는 '하루 일을 시작해야 할 시간'이라고 일부화된다. 이와 같이 현존재의 시간은 그때마다 현존재의 탈자적 세계-내-존재를 근거로 해서 이미 공공화되어 있다. 현존재는 공공적 시간 속에서 타자와 함께 그 시간에 맞추어 살고 있는 것이다.

> (…) 이 일부화는 〈같은 하늘 아래〉 있는 상호존재에 있어서는 〈누구에게나〉, 어느 때고, 같은 방식으로, 어느 한계 안에서는, 우선 일치해서 행해질 수 있는 시간고시이다.[4]

자연의 시간을 공공적으로 일부화하는 원시적 예로서 하이데거는 농민시계(Bauerzeit)와 해시계를 들고 있다. 농민시계란 예컨대 '해 그림자가 몇 발짝 길이일 때 어디서 만나자'고 하는 것이다. 이와 같이 근원적으로 '자연의 시간'에 의거해서 일부화되는 시간을 공공적 시간(öffentliche Zeit)이라고 한다. 인공적 시간 측정기(시계)는 이 공공적 시간을 균분(均分)하고 정밀화한 것이다. 공공시간이란 "〈그 안에서〉 세계 내부적 용재자와 전재자가 만나는 바로 그 시간"이다.[5] 따라서 그런 공공적 시간 안에서 만나는 비현존재적 존재자를 시간 내부적 존재자라 하고, 그런 시간을 하이데거는 세계시간

---

4 580쪽(S. 413).   5 579쪽(S. 412).

(Weltzeit)이라 한다.

세계시간의 근거에 대해서는 두 가지를 지적할 수 있을 것이다. 하나는 공동 현존재이고, 다른 또 하나는 세계-내-존재를 구성하는 세계 개념이다. 하이데거는 근원적으로 후자에서 출발한다. 일부화된 시간은 매양 현존재에게 적합한가, 부적합한가의 구조에 의해 규정된다. 그 적합성은 마지막에는 현존재를 궁극목적으로 하는 적소성과 유의의성에 매달려 있다.

> 유의의성은 세계의 세계성을 구성한다. 공공화된 시간은 '…하는 시간'으로서 본질적으로 세계의 성격을 가지고 있다. 그러므로 우리는 시간성의 시숙 속에서 공공화되는 시간을 세계시간이라고 부른다. (…) 그것이 그렇게 불리우는 까닭은 (…) 그 시간이 실존론적-존재론적으로 해석되는 의미에서 세계에 속하기 때문이다.[6]

세계시간은 위에서 말한 바와 같이, 세계 내부적 존재자가 그 안에서 만나는 시간이다. 그 시간은 세계-내-존재의 구성계기인 세계에 근거하고 있으므로 세계와 마찬가지로 초월을 가지고 있으며, 세계의 개시성과 함께 개시되어 있다. 그러므로 주관적이라면 가장 주관적이지만 객관적이라면 가장 객관적이라고 말할 수 있다. 그리고 '실체'라고는 말할 수 없으나 '없지 않는' 한 '존재한다'고 해야 할 것이다. 그것은 가장 존재적이다. 하이데거는 이렇게 정리한다.

---

6 582쪽(S. 414).

만일 '객관적'이라는 것이 세계 내부적으로 만나는 존재자의 '즉자적-전재적-존재'를 의미한다면, 〈그 안에서〉 전재자가 운동하고 정지하고 하는 '시간'은 객관적이 아니다. 그러나 마찬가지로, '주관적'이라는 것이 〈주관 내〉의 전재자나 사건이라고 이해된다면, 시간은 〈주관적〉이 아니다. 세계시간은 모든 가능한 객관보다도 〈더 객관적〉이니, 그 까닭은 세계시간이 세계 내부적 존재자의 가능성의 조건으로서, 세계의 개시성과 함께, 그때마다 이미 탈자적-지평적으로 〈객관화〉되기 때문이다. (…)

그러나 세계시간은 모든 가능한 주관보다도 〈더 주관적〉이니, 왜냐하면 세계시간은, 현사실적으로 실존하는 [현존재의] '자기'의 존재가 곧 마음씀이라는 충분히 이해된 의미에서, 이 존재를 비로소 함께 가능하게 하기 때문이다. 〈시간〉은 〈주관〉 안에도 〈객관〉 안에도, 아니 〈안〉에도 〈밖〉에도 전재적으로 있지 않고 모든 주관성과 객관성보다 〈훨씬 이전에〉 〈존재〉한다. 그 까닭은 시간이 이 〈더 이전〉을 가능하게 하는 조건 자체이기 때문이다.[7]

3. 통속적 시간 개념의 발생

근원적 시간성이 지니고 있는 기본 성격, 예컨대 유의의성, 일부가능성, 신장성 등 탈자적-지평적 시간성을 은폐하고, 시간을 퇴락

---

[7] 588쪽(S. 419)

의 존재양식에서만 보게 되면—즉 모든 존재자를 전재자로서만 보게 되면—거기로부터 소위 통속적 시간(vulgäre Zeit)이 나온다. 다시 말하면, 세계시간이 공공화되고 시계 사용이 시계의 바늘(또는 태양의 그림자)을 현전화하여 그것을 따라가면서 헤아리게 되면 거기에서 통속적 시간 개념이 나오게 된다. 통속적 시간은 움직이는 시계 바늘(또는 그림자)을 그 움직임에서 현전화하여 '지금 여기'·'지금 여기'라고 '지금·지금…'을 셈하는 그런 시간이다. 이것을 하이데거는 시간이란 움직이는 바늘을 현전화하고 세면서 따라가는 가운데 현시되는 세어진 것이라고 규정한다.

그 지금을 기준으로 하면 보유의 지평은 '방금 지나가 없어져서 이미 (지금이) 아니다'로 되고, 예기의 지평은 '이제 곧 있을 터이지만 아직은 (지금이) 아니다'로 된다. 있는 것은 지금뿐이다. 있음과 없음이 지금에 준거해서 결정되므로 통속적 시간은 지금-시간(Jetzt-Zeit)이다. 그것은 현전화가 이전과 이후에 따라 지평적으로 열려 있는 (현존재의) 보유와 예기와의 탈자적 통일에서 (비본래적으로) 시숙하는 시간성과는 다르다. 요컨대 통속적 시간이란 세 시간 양상을 '지금'을 기준으로, 즉 과거는 '이미 없음'으로, 미래는 '아직 없음'으로, 그리고 현재는 '시제 있는 지금'으로 추상화하는 시간 개념이다. 그것은 베르그송의 공간화된 시간, 과학적 시간과 같다.

통속적 시간은 2천3백 년 전 아리스토텔레스가 정의한 시간, 즉 '시간이란 이전과 이후의 지평에서 만나는 운동에서 세어진 것' 바로 그것이다. 그리고 이 시간 개념이야말로 시간을 수에 따라 움직이는 '영원의 모상'—그것은 끊임없는 '지금연속' 또는 '정지해 있는 지금'(nunc stans) 이외에 다른 것이 아니다—이라고 한 플라톤 이후 헤겔에 이르기까지 전통적이고 지배적인 시간 개념이다.

통속적 시간 이해에서 시간은 부단히 〈전재하면서〉 또한 지나가고 다가오는 지금의 연속으로서 드러난다. 시간은 계기(繼起)로서, 지금의 〈흐름〉으로서, 시간의 경과로서 이해된다.[8]

그것은 지금의 연속적 계기(Nacheinander der Jetztfolge)이다. 이런 시간을 흔히 객관적 시간 또는 과학적 시간이라고 한다. 그것은 한 방향으로 무한히 전진하는 동질적이고 일차원적 시간이다. 덧없이 생멸하여 역류하는 일이 없이 등속적(等速的) 흐름으로 표상되는 시간은 다름 아닌 지금-시간, 즉 지금연속으로서의 통속적 시간이다.

배려적 시간 해석과 통속적 시간 해석 사이에는 몇 가지 주목할 만한 현상적 차이가 있다. 그 첫 번째 현상은, 통속적 시간 해석은 배려적 시간을 수평화한다는 것이다. '지금'에는 지평이 없다.

배려되는 시간의 첫 번째 본질 계기로서 천명된 것은 일부 가능성이다. 일부 가능성은 시간성의 탈자적 틀에 근거한다. 〈지금〉은 본질상 〈…하는 지금〉(Jetzt da…)이다. (…) 배려 가운데에서 이해되는 일부 가능한 지금은 그때마다 적합한 지금이거나 부적합한 지금이다. 지금의 구조에는 유의의성이 속한다. 그리하여 우리는 배려되는 시간

---

[8] 591쪽(S. 422).

을 세계시간이라고 부른 것이다. 시간을 지금의 연속으로 보는 통속적 해석에는 일부 가능성도 유의의성도 결여되어 있다. 시간을 순수한 계기라고 성격지으면 이 두 구조〔일부 가능성과 유의의성〕는 〈나타나지〉 않는다. 통속적 시간 해석은 두 구조를 은폐한다. 지금의 일부 가능성과 유의의성은 시간성에 근거하거니와, 그 시간성의 탈자적-지평적 틀은 이 은폐를 통해 수평화된다. 여러 지금들은 말하자면 〔두 구조와의〕 제 관계를 단절하고, 그렇게 단절된 지금들로부터 병렬적(並列的)으로만 늘어서서 그 결과 계기(繼起)를 형성하는 것이다.[9]

이것을 줄여서 말하면, 배려적 시간성의 근본 특성인 유의의성과 일부 가능성 및 신장성 등이 은폐되면 결과적으로 시간을 전재적·병렬적 지금의 연속으로서만 보게 된다는 것이다.

배려적 시간 해석과 통속적 시간 해석 사이의 두 번째 차이는 전자가 탈자적 지평을 갖는 데 반해 후자는 과거와 미래를 향해 무한하다는 것이다. 지금-시간의 지금들은 존재론적으로는 전재성이라는 이념의 지평 속에서 보여진다. 지금들은 사라지고 사라진 지금들은 과거를 형성하고, 지금들은 다가오고 다가올 지금들은 미래를 형성한다. 그 지금들은 서로 아무런 차이도 없이 병렬적으로 전재할 뿐이다. 그것은 중단도 없고, 처음과 끝도 없이 과거와 미래의 두 방향으로 무한하다. 지금 속에는 또 지금이 있고, 그 속에는 또 지금이 있다. 이런 과정은 무한히 계속된다. 시간에는 중단이 없어야 하기

---

[9] 591~592쪽(S. 422).

때문이다. 제논의 운동 부정론은 이 지금의 무한 분할 가능에 근거한다.

통속적 시간 해석이 세계시간을 수평화하고 시간성을 은폐하는 근거는 어디 있는가? 그것은 현존재 자체에 있다. 현존재는 우선 대개 피투적으로 퇴락하면서 배려되는 것에 몰입하여 자기를 상실하고 있기 때문이다. 현존재의 퇴락이라는 존재양식은 존재자를 전재자로 보는 태도인데, 그런 태도에서 시간은 전재적 지금연속으로만 보여진다.

이상과 같이 하이데거는 선구적 결의성에서 보여진 현존재의 본래적 시간성과 일상적 현존재의 시간적 해석에서 보여진 비본래적 시간성, 그 시간성의 일부 가능성과 공공화에 의한 세계시간 그리고 현존재의 퇴락에서 연원하는 통속적 지금-시간을 검토했다. 그러나 이 세 시간 개념〔현존재의 시간성, 공공적 세계시간 및 통속적 지금-시간〕은 서로 합치하지 않는다. 그것을 하이데거는 아래와 같이 서술하고 있다:

    탈자적으로 이해된 장래〔시간성〕, 일부 가능한 유의의한 〈그때〉〔세계시간〕 그리고 아직 다가오지는 않았으나 이제 곧 다가오고 있는 단순한 지금이라는 의미의 〈미래〉라는 통속적 개념〔통속적 시간〕, 이 삼자(三者)는 합치하지 않는다. 마찬가지로 탈자적 기존성, 일부 가능한 유의의한 〈저때〉, 지나간 단순한 지금이라는 의미의 과거라는 개념, 이 삼자(三者)도 합치하지 않는다. 지금은 '아직 지금이 아님'을 잉태하고 있는 것이 아니고, 현전은 시간성의 시숙의 근원적·탈자적 통일

속에서 장래로부터 발원하는 것이다.[10]

우리는 하이데거의 시간론에 대한 종합적 결론을 내려야 할 계제에 이르렀다. 그의 시간론은 네 단계로 나누어서 서술되어 있다. 첫 번째 단계는 가장 본래적인 현존재의 존재, 즉 선구적 결의성을 시간적으로 해석하는 것이다. 그 시간성은 '기존적으로-현전화하는 장래'라고 파악되었다. 거기에 이어서 그 시간성이 탈자적이라는 것과 그것은 존재하는 것이 아니라 '스스로 시숙한다'고 천명되었다. 두 번째 단계에서는 『존재와 시간』의 제1편에서 행한 일상적 현존재의 개시성을 시간적으로 해석한다. 그리고 거기에 이어 세 번째 단계로 그는 시간론의 연장선상에서 현존재의 역사성과 역사학의 가능 근거를 검토한다. 이것은 현존재를 그 신장에서 파악한 것이다. 마지막 네 번째 단계에서 그는 배려적 시간의 일부 가능성, 시간의 공공화와 세계시간 및 통속적 시간 개념의 연원을 다루고 있다. 특히 통속적 시간은 현존재의 퇴락, 즉 모든 존재자를 전재자로만 보는 존재양식에서 연원하는 것으로서, 아리스토텔레스 이래 전통으로 정착한 '헤아려지는 지금-시간'을 가리킨다. 전통적 시간 개념이란 이 통속적 시간에 다름 아니다. 시간을 부단한 흐름 또는 계기(繼起)로 파악하는 견해는 통속적 시간표상이다. 첫 번째와 두 번째 단계에서는 이런 통속적 시간표상은 전혀 보이지 않는다. 왜냐하면 거기에서 다루어지는 것은 현존재의 존재를 가능하게 하는 근거로서

---

[10] 598쪽(S. 427).

의 시간성과 그 구조이기 때문이다. 그리고 그 시간성을 하이데거는 근원적 시간이라고 한다.

에필로그

　이제까지의 모든 서술은 존재의 의미를 밝히려는 의도 하에 존재 이해를 아 프리오리하게 가지고 있는 현존재를 실존론적-존재론적으로 분석한 것이다. 그것을 하이데거는 두 단계로 나누어서 분석했다. 첫 번째 단계는 현존재의 근본 틀인 세계-내-존재를 그 일상성에서 구명한 것이고, 두 번째 단계는 현존재의 존재인 마음씀을 가능하게 하는 것은 시간성이라는 전제 하에 현존재의 시간성을 분석하고 거기에서 통속적 시간 개념이 연원하는 것까지 천착한 것이다. 이것은 그가 기획한 제I부의 제I편과 제II편에 불과하다. 이 에필로그(§ 83)는 제III편을 예상한 도입 구실을 하고 있다. 회고와 전망을 겸하여 그는 이렇게 말한다. "현존재의 존재 틀을 밝히는 일은 여전히 하나의 길에 불과하다. 목표는 존재물음 일반을 마무리짓는 것이다."[1] 그 목표를 향한 하나의 길로서 하이데거는 현존재 분석론을 전개한 것이다. 그러나

　중요한 것은, 존재론적 기초물음을 밝혀내기 위한 하나의 길을 찾고

---

[1] 610쪽(S. 436).

그 길을 가는 것이다. 그 길이 유일한 길인가 또는 도대체 올바른 길인
가 아닌가 하는 것은, 가고 난 뒤에 비로소 결정될 수 있다.[2]

하이데거의 사유는 이 하나의 길을 가는 도상에(unterwegs) 있다.
그의 많은 저술은 길 또는 도상이라는 낱말을 표제로 달고 있다. 그
길이 올바른 길인가 아닌가는 가고 난 뒤에 결정될 수 있다고 한다.
그러나 그 길은 끝이 없는 길이다. 존재론이란 바로 그런 길을 걷는
것과 같은 철학이다. 그리고 그 길은 우리의 삶의 길이기도 하다.

그러면서도 "그 길이 유일한 길인가 또는 도대체 올바른 길인가
아닌가…" 하는 대목에서는 회의와 머뭇거림의 몸짓이 엿보인다. 현
존재의 존재의 의미를 구명하는 이 길이 과연 존재 일반의 의미를
천명하는 길로 이어질 것인지, 이것을 하이데거는 1/4세기 동안 고
민한 끝에 마침내 '전회'(Kehre)를 선언하고 만 것이 아닐까? 그는
실지로는 1930년대 이후 이미 존재에서 존재자를 조명하는 입장을
취하고 있었다. '전회'란 한 존재자〔현존재〕의 존재를 존재 일반으로
이어갈 수 없다는, 사유의 비약의 고백에 다름 아니다. 그런 점에서
『존재와 시간』은 현존재 분석으로서는 완벽한 저술이지만 존재론의
기초 놓기로서는 미완성의 작품이다.

---

2 611쪽(S. 437).

현존재, 현존재의 존재(마음씀), 시간성 및 현존재의 본래성과 비본래성에 관련된 것을 전체적으로 표현하면 대충 아래와 같다.

현존재의 전체적 통일적 구조		세계-내-존재	
현존재의 구조계기	기투	피투적 현사실성	퇴락
현존재의 존재양식	실존	피투적 현사실성	퇴락
현존재의 개시성	이해	정상성	퇴락(말)
마음씀	'자기를 앞질러 있음'	'이미 (세계) 내에 있음'	'(존재자)에 몰입해 있음
현존재의 시간성	장래	기존	현전화
(본래적 시간성)	장래	기존(성)	순간(또는 현전화, 현재)
(비본래적 시간성)	기대	망각(또는 보유)	현재
현존재의 본래성과 비본래성	기투 (죽음에로의 선구) ⎵ 본래성을 구성	피투성 (결의성)	현사실성 퇴락 ⎵ 비본래성을 구성

용어 번역 대조표

독일어→한국어

Alltäglichkeit 일상성	Datierbarkeit 일부(日附) 가능성
Als-Struktur 으로서-구조	Destruktion 해체(解體), 파괴
Analytik 분석론	Dichtung 시
Andere 타자(남)	Ding 사물
Angst 불안	durchschnitlich 평균적
animal rationale 이성적 동물	
Anwesenheit 현전성(現前性)	Eigentlichkeit 본래성
Augenblik(Augen-blik) 순간(瞬間)	Einheit 통일(통일성)
Auslegung 해석	Einräumen 공간허용
Ausrichtung 방향 엶(開)	Ekstase 탈자태(脫自態)
Aussage 언표, 진술	Endlichkeit 유한성
	Entdecken, Entdecktheit 발견, 피발견성(발견됨)
Bedeutsamkei 유의의성(有意義性)	
Befindlichkeit 정상성(情狀性)	Ent-fernen 거리 제거
Begegnen(-lassen) 만남(만나게 함)	Entfremdung 소외
Behalten 보유(기억 속에 간직하다)	Entschlossenheit 결의성
Besogen 배려(配慮)	Entwurf 기투(企投)
Bewandtnis(-ganzheit) 적소성(適所性), 적소 전체성)	Entwurzelung 뿌리 뽑힘, 근절
	Erkennen 인식
Bewenden-lassen 적소하게 하다	Erlebnis 체험
Bezug 관련(연관)	Erschlossenheit 개시성(開示性)
	Erstreckung 신장(伸張)
Copula 계사(繫辭)	Ewigkeit 영원
	Existenz 실존
Da 현(現)	Existenzialität 실존성
Dasein(Da-sein) 현존재(現存在, 현-존재)	Existenzialial(ien) 실존범주(들)

existenzial 실존론적
existenziell 실존적
Faktizität 현사실성(現事實性)
Faktum 현사실(現事實)
Ferne 멂
Fürsorge 고려(顧慮), 돌봄
Fürsicht 보살핌
Fundamentalontologie 기초 존재론
Furcht 두려움

Ganzseinkönnen 전체존재 가능
Gegend 방역(方域)
Gegenwart 현재
Gegenwärtigen 현전화(現前化)
Gerede 빈말(잡담)
Geschehen 생기(生起)
Geschichtlichkeit 역사성
Geschichte 역사
Geschick 운명
Gewesen, Gewesenheit 기존(旣存), 기존성
Gewißheit 확신, 확실성
Grund 근거

Hermeneutik 해석학
Historie 역사학
Hören 들음
Horizont 지평

Ich 자아(나)

Idealismus 관념론
In-der-Welt-sein 세계-내-존재
Innerweltlichkeit 세계 내부성
Innerzeitlichkeit 시간 내부성
In-sein 내-존재

Jemeinigkeit 각자성(各自性)
Jetztfolge 지금계기(繼起)

Kategorie 범주

Lichtung 밝음(밝힘, 빛)
Logik 논리학

Man 세인
Metaphysik 형이상학
Mitdasein 공동 현존재
Mitsein 공동 존재
Mitwelt 공동 세계
Mögichkeit 가능성

Nähe 가까움
Neugier 호기심
Nicht 〔명제적〕 아님, 〔실존적〕 못 함
Nichts 무
Nichtigkeit 무력성

Objekt, Objektivität 객관, 객관성
Offenheit 개방성(열어놓음)
ontisch 존재적

ontologisch 존재론적
Ontologie 존재론
Ort 장소

Phänomen 현상
Phänomenologie 현상학
Philosophie 철학
Platz 자리

Rätsel 수수께끼
Raum 공간
Räumlichkeit 공간성
Realismus 실재론
Rede 말
Ruf 불음

Schein 가상
Schicksal 숙명
Schuld 책(責)
Schuldsein 책(責)을 지고 있음
  (책임 존재)
Schweigen 침묵
Seiendes 존재자
Sein 존재(있음)
Sein zum Tode 죽음에 이르는 존재
Seinkönnen 존재 가능
Seinsverborgenheit 존재 은폐성
Seinsvergessenheit 존재 망각성
Seinverständnis 존재이해
Selbstheit 자기성

Selbständigkeit 자기 상자성(自己常自性)
Sicht 봄(視)
Sinn 의미
Sorge 마음씀
Spielraum 유희공간
Sprache 언어
Sprung 비약
Ständigkeit 상자성(常自性), 상주성
Stille 고요
Stimmung 기분
Subjekt, Subjektivität 주관(주체),
  주관성
Substanz, Substanzialitat 실체, 실체성

Technik 기술
Thematisierung 주제화
Tod 죽음
Tradition 전통
Transzendenz 초월

Übernehmen 인수
Umsicht 배시(둘러 봄)
Umwelt 환경(환경세계)
Um-zu …을 하기 위하여
Unterschiet 구별
Unverborgenheit 비은폐성(非隱蔽性)
Unwahrheit 비진리
Ursprung, Ursprünglichkeit 근원, 근원성

Verborgen, Verborgenheit 은폐, 은폐성

Verdecken 덮어 감추다	Welt, Weltlichkeit 세계, 세계성
Verfallen 퇴락	Weltmäßigkeit 세계 적합성
Vergessen 망각	Weltzeit 세계시간
Verschlossenheit 폐쇄성	Wesen 본질
Verstehen 이해(理解)	Wiederholung 반복, 도로 가져옴
Verweisung 지시	Wirklichkeit 현실성
Vorgriff 예악(豫握)	Wollen, Wille 의욕, 의지
Vorhabe 예지(豫持)	Worum-willen 궁극목적
Vorhandenes, Vorhandenheit 전재자(前在者), 전재성	
	Zeichen 기호
Vorlaufen 선구(先驅, 앞으로 달려감)	Zeit, Zeitlichkeit 시간, 시간성
Vorlaufen zum Tode 죽음에로의 선구	Zeitigung 시숙(時熟, 때 익음)
vorlaufende Entschlossenhei 선구적 결의성	Zeitmessen 시간측정
	Zeitrechnung 시간계산
vorontologisch 전(前) 존재론적	Zeug 도구
Vorsicht 예시(豫視)	Zirkel 순환
Vorstellung 표상	Zuhandenes, Zuhandenheit 용재자(用在者), 용재성
vorweg, sich vorweg 앞질러, 자기를 앞질러	
	zukommen 도래(到來)하다
vulgär 통속적	Zukunft 장래(將來)
	Zweideutigkeit 애매성
Wahrheit 진리	Zwischen 사이
Weg 길	

한국어→독일어

가까움 Nähe	기초 존재론 Fundamentalontologie
가능성 Mögichkeit	기투(企投) Entwurf
가상 Schein	기호 Zeichen
각자성(各自性) Jemeinigkeit	길 Weg
개방성(열어놓음) Offenheit	
객관, 객관성 Objekt, Objektivität	내-존재 In-sein
거리 제거 Ent-fernen	논리학 Logik
결의성 Entschlossenheit	
계사(繫辭) Copula	덮어 감추다 Verdecken
고려(顧慮), 돌봄 Fürsorge	도구 Zeug
고요 Stille	도래(到來)하다 zukommen
공간 Raum	두려움 Furcht
공간성 Räumlichkeit	들음 Hören
공간허용 Einräumen	
공동 세계 Mitwelt	마음씀 Sorge
공동 존재 Mitsein	만남(만나게 함) Begegnen(-lassen)
공동 현존재 Mitdasein	말 Rede
관념론 Idealismus	망각 Vergessen
관련(연관) Bezug	멂 Ferne
구별 Unterschiet	〔명제적〕아님, 〔실존적〕못 함 Nicht
궁극목적 Worum-willen	무 Nichts
근거 Grund	무력성 Nichtigkeit
근원, 근원성 Ursprung, Ursprünglichkeit	
기분 Stimmung .	반복, 도로 가져옴 Wiederholung
기술 Technik	발견, 피발견성(발견됨) Entdecken,
기시성(開示性) Erschlossenheit	Entdecktheit
기존(旣存), 기존성 Gewesen,	밝음(밝힘, 빛) Lichtung
Gewesenheit	방역(方域) Gegend

방향 엶 Ausrichtung
배려(配慮) Besogen
배시(둘러봄) Umsicht
범주 Kategorie
보살핌 Fürsicht
보유(기억 속에 간직하다) Behalten
본래성 Eigentlichkeit
본질 Wesen
봄(視) Sicht
분석론 Analytik
불안 Angst
불음 Ruf
비약 Sprung
비은폐성(非隱蔽性) Unverborgenheit
비진리 Unwahrheit
빈말(잡담) Gerede
뿌리 뽑힘, 근절 Entwurzelung

사물 Ding
사이 Zwischen
상자성(常自性), 상주성 Ständigkeit
생기(生起) Geschehen
선구(先驅, 앞으로 달려감) Vorlaufen
선구적 결의성 vorlaufende Entschlossenheit
세계 내부성 Innerweltlichkeit
세계 적합성 Weltmäßigkeit
세계, 세계성 Welt, Weltlichkeit
세계-내-존재 In-der-Welt-sein
세계시간 Weltzeit

세인 Man
소외 Entfremdung
수수께끼 Rätsel
숙명 Schicksal
순간(瞬間) Augenblick(Augen-*blik*)
순환 Zirkel
시 Dichtung
시간 내부성 Innerzeitlichkeit
시간, 시간성 Zeit, Zeitlichkeit
시간계산 Zeitrechnung
시간측정 Zeitmessen
시숙(時熟, 때 익음) Zeitigung
신장(伸張) Erstreckung
실재론 Realismus
실존 Existenz
실존론적 existenzial
실존범주(들) Existenzialial(ien)
실존성 Existenzialität
실존적 existenziell
실체, 실체성 Substanz, Substanzialität

앞질러, 자기를 앞질러 vorweg, sich vorweg
애매성 Zweideutigkeit
언어 Sprache
언표, 진술 Aussage
역사 Geschichte
역사성 Geschichtlichkeit
역사학 Historie
영원 Ewigkeit

예시(豫視) Vorsicht	전(前) 존재론적 vorontologisch
예악(豫握) Vorgriff	전재자(前在者), 전재성 Vorhandenes,
예지(豫持) Vorhabe	Vorhandenheit
용재자(用在者), 용재성 Zuhandenes,	전체존재 가능 Ganzseinkönnen
Zuhandenheit	전통 Tradition
운명 Geschick	정상성(情狀性) Befindlichkeit
유의의성(有意義性) Bedeutsamkeit	존재 가능 Seinkönnen
유한성 Endlichkeit	존재 망각성 Seinsvergessenheit
유희공간 Spielraum	존재 은폐성 Seinsverborgenheit
으로서-구조 Als-Struktur	존재(있음) Sein
은폐, 은폐성 Verborgen, Verborgenheit	존재론 Ontologie
…을 하기 위하여 Um-zu	존재론적 ontologisch
의미 Sinn	존재이해 Seinverständnis
이성적 동물 animal rationale	존재자 Seiendes
의욕, 의지 Wollen, Wille	존재적 ontisch
이해(理解) Verstehen	주관(주체), 주관성 Subjekt,
인수 Übernehmen	Subjektivität
인식 Erkennen	주제화 Thematisierung
일부(日附) 가능성 Datierbarkeit	죽음 Tod
일상성 Alltäglichkeit	죽음에로의 선구 Vorlaufen zum Tode
	죽음에 이르는 존재 Sein zum Tode
자기 상자성(自己常自性) Selbständigkeit	지금계기(繼起) Jetztfolge
자기성 Selbstheit	지시 Verweisung
자리 Platz	지평 Horizont
자아(나) Ich	진리 Wahrheit
장래(將來) Zukunft	
장소 Ort	책(責) Schuld
적소성(適所性, 적소 전체성)	책(責)을 지고 있음(책임 존재)
Bewandtnis(-ganzheit)	Schuldsein
적소하게 하다 Bewenden-lassen	철학 Philosophie

체험　Erlebnis
초월　Transzendenz
침묵　Schweigen

타자(남)　Andere
탈자태(脫自態)　Ekstase
통속적　vulgär
통일(통일성)　Einheit
퇴락　Verfallen

평균적　durchschnitlich
폐쇄성　Verschlossenheit
표상　Vorstellung

해석　Auslegung
해석학　Hermeneutik

해체(解體), 파괴　Destruktion
현(現)　Da
현사실(現事實)　Faktum
현사실성(現事實性)　Faktizität
현상　Phänomen
현상학　Phänomenologie
현실성　Wirklichkeit
현재　Gegenwart
현전성(現前性)　Anwesenheit
현전화(現前化)　Gegenwärtigen
현존재(現存在, 현-존재)　Dasein(Da-sein)
형이상학　Metaphysik
호기심　Neugier
확신, 확신성　Gewißheit
환경(환경세계)　Umwelt

지은이 소광희

충남 대전에서 출생하여 서울대학교 철학과에서 학부와
대학원 과정을 마치고(철학 박사), 서울대학교 철학과 교수로 재직했으며,
철학연구회 회장, 한국철학회 회장과 서울대학교 인문대학장을 역임했다.
현재 서울대학교 명예교수로 있다. 역서로 하이데거의 《존재와 시간》,
《시와 철학》, 콜링우드의 《역사의 인식》(공역) 등이 있고,
저서로는 《인간의 사회적 존재의 의미》, 《자연 존재론》, 《기호 논리학》,
《패러독스로 본 세상》, 《시간의 철학적 성찰》, 《철학적 성찰의 길》 등이 있다.
공저로는 《형이상학과 존재론》(1·2), 《현대의 학문체계》, 《하이데거의 언어사상》 등이 있다.
저서 《시간의 철학적 성찰》로 2002년 한국백상출판문화상 저술상과
2003년 대한민국학술원상을 수상했다.

하이데거 「존재와 시간」 강의

1판 1쇄 발행 2003년 4월 15일
1판 12쇄 발행 2022년 2월 10일

지은이 소광희
펴낸곳 (주)문예출판사 | 펴낸이 전준배
출판등록 2004. 02. 12. 제 2013-000360호 (1966. 12. 2. 제 1-134호)
주소 03992 서울시 마포구 월드컵북로 6길 30
전화 393-5681 | 팩스 393-5685
홈페이지 www.moonye.com | 블로그 blog.naver.com/imoonye
페이스북 www.facebook.com/moonyepublishing | 이메일 info@moonye.com

copyright © 2003 by Soh, Kwang-Hie
Moonye Publishing Co., Ltd.

ISBN 978-89-310-0417-5 03100

·잘못 만든 책은 구입하신 서점에서 바꿔드립니다.

문예출판사® 상표등록 제 40-0833187호, 제 41-0200044호